De choriambicis Graecorum poetarum versibus.

Dissertatio inauguralis

quam

ad summos in philosophia honores

ab amplissimo

philosophorum ordine Lipsiensi

rite impetrandos

conscripsit

Joannes Lamer

Lipsiensis.

Lipsiae

Typis A. Hoffmanni

MDCCCXCVI.

Ottoni Ribbeck

sacrum.

De versibus choriambicis mihi scribenti id erat potissimum inquirendum, quae est dissensio eorum qui his rebus operam dedere, qui versus essent choriambici. Quod sic institui. ut primo capite *grammaticorum* de versibus choriambicis eisque, qui his aliquo modo sunt cognati, sententiam exponerem; cui subiunxi alterum, quo quid *recentioribus* inde a Bentleii et Vossii temporibus viris doctis videretur de versibus choriambicis, adumbravi. Tertio denique capite rem conatus sum diiudicare, simulque protuli quae de legibus quas secuti sunt poetae in conscribendis versibus choriambicis, inveni.

Caput I.

Qui versus sint choriambici e veterum vv. dd. doctrina.

Duas potissimum grammaticorum de re metrica novimus sententias, quarum alteram liceat appellare Varronianam ab eo, quem primum eius patrocinium suscepisse scimus, alteram Hephaestioneam ab eo, qui principalis nobis auctor eius extitit, nomine indito. Insigne vero huius proprium, quod novem μέτρα πρωτότυπα statuta sunt, quorum unum est choriambicum; illius, quod a dactylico hexametro et a iambico trimetro ‚metris principalibus‘ alia metra ‚παραγωγά‘ aut adiectione aut detractione aut concinatione aut permutatione derivantur.[1]

---

[1] De qua re et de auctoribus infra laudatis si quis accuratiora volet scire, adeat potissimum Westphali ‚Metrik der Griechen‘ vol. I. secundae editionis pp. 1.—282. Keiliique in Grammaticorum Latinorum editione praefationes.

Sunt vero libri de re metrica conscripti, quos integros vel quorum fragmenta tenemus, horum, qui probant

doctrinam Hephaestioneam	doctrinam Varronianam

doctrinam Hephaestioneam
Varronis ipsius (in libris de sermone latino scriptis, v. Ritschel. op. III. p. 382 et Wilmanns, de Varron. libr. gram. p. 64. sq., p. 195. sq.; de cynodidascalo v. infra).
Caesii Bassi, ed. Keil. G. L. v. VI., pp. 255.—271.

Terentiani Mauri, ed. Keil. G. L. v. VI., pp. 324—413.

doctrinam Varronianam

Heliodori [2]) fragmenta ed. Thiemann., Ἡλιοδώρου Ἀριστοφάνειος κωλομετρία.
Hephaestionis enchiridium, ed. Westphal. a. 1866.
Iubae [3]) ars metrica, v. imprimis Hense in act. soc. phil. Lips. v. IV. (a. 1875.) frg. 94.—100.
Fragmentum bobiense ed. Keil. G. L. v. IV., pp. 620.—625.
Aristidis Quintiliani [4]) ars metrica, quam inseruit libris περὶ μουσικῆς scriptis, ed.

---

[2]) cuius doctrinae vestigia extant potissimune in scholiis Aristophaneis; vide quae subscripta sunt in cod. V. scholiis pacis κεκώλισται πρὸς τὰ Ἡλιοδώρου, παραγέγραπται ἐκ Φαείνου καὶ Συμμάχου (καὶ ἄλλων τινῶν add. in subscr. nubb.). Summi autem momenti sunt haec scholia cum ob rem, quod cum ceteri grammatici quomodo *versus* sint dividendi doceant, *strophas κωλίζειν* ex eis discimus. Nostra vero interest κcire choriambicos versus coniungi ab Heliodoro cum quibuslibet aliis, neque certam de hac re ei legem fuisse probatam.

[3]) Quae Hense Iubae ascripsit, malui laudare appositis eorum nominibus, quorum ex scriptis petivit ille fragmenta.

Aphthonii (Marii Victorini)
· l. III. cc. 1. 4 sqq. l. IV. ed.
Keil.G.L.VI.,pp.100.—102.
107.—173.

I. Caesar ind. lectt. Marb.
a. 1862./3.
Aphthonii (Marii Victorini)
ll. I. II. III. cc. 2. 3. ed Keil.
G. L. VI., pp. 1.—99., 102.—
107.

Marii Plotii Sacerdotis, ed.
Keil. G. L. v. VI., pp. 496.—
546.

[Ps.] *Atilii Fortunatiani,* ed.
Keil. G. L. v. VI, pp. 291.—
294.

Diomedis l. III., ed. Keil. G.
L. I., pp. 506.—518.

Mallii Theodori, ed. Keil. G.
L. v. VI., pp. 585.—596.

Augustini[5]) de musica ll. VI.,
in ed. a monachis ordinis
s. Benedicti curatae t. I., pp.
738.—883.

[Ps.] *Atilii Fortunatiani,* ed.
Keil. G. L. v. VI., pp. 284.—
291.

Diomedis l. I., ed. Keil. G. L.
v. I., pp. 472.—506.

Mallii Theodori, ed. Keil. G.
L. v. VI., pp. 597.—601.

---

[4]) Cuius de fonte dissentiunt Westphal. [2] I., p. 229. et Gleditzsch.
[2] II 682, quorum hic errare videtur.

[5]) Augustinus unde sua hauserit, velim aliquis me doceat. Nam
quae in Teuffelii libro invenis (demonstrata ab H. Weil Jbb. 1862.
p. 385.) eum Varronis doctrinam praecipue sequi, ex parte sunt vera,
cum Varronianorum mensurae exempla exhibeat pp. 823. 843 et
versus qui leguntur apud Terent. Maur. pp. 820. 821. Tamen - - ⌣
dicit esse palimbacchium p. 815; neque sprevit antispastum (v. p. 775)
neque congruunt cum ullius grammatici mensuris mensurae nonnullae
(v. pp. 813. 815.), de quibus vide infra; denique Augustinus rhythmi,
id quod non fit saepenumero, habet rationem, quippe qui doceat p. 775.,
choriambum esse temporum sex, et metiatur silentiis interpositis velut
hunc versum (p. 815.)

fiumina constiterint acuto

- ⌣ ⌣ Ā ¦ - ⌣ ⌣ - ¦ - - - Λ

ut sint singuli pedes sex temporum.

Centimetrum, ed. Keil. G. L. v. IV., pp. 465.—467.

Bedae de arte metrica liber, ed. Keil. G. L. v. VII., pp. 226.—260.

Centimetrum, ed. Keil. G. L. v. IV., pp. 456.—464.

schol. A B *Hephaestionea* ed. Westphal.

schol. Hephaest. altera ed. Hoerschelmann. in progr. Dorpat. a. 1882.

schol. Hephaest. Ambrosiana ed. Studemund. in Anecd. gr. v. I. p. 119. sqq.

Georgii Choerobosci ἐξήγησ. εἰς τὸ τοῦ Ἡφαιστίωνος ἐγχειρ. ed. Hoerschelmann. ib. p. 33. sqq.

Trichae synops., ἐπιμερ. τῶν θ´ μέτρων, breviarium ed. Westphal.

Isaac Monachi, ed. Bachmann. in anecd. v. II, pp. 169 sqq.

Adde

fragmenta metrica ed. Keil. G. L. v. VI., pp. 625.—646. (e quibus frg. bobiense *alterum*, quod extat p. 629. 9—23, infra saepius afferam)

Ps. Censorini fragmenta metrica, ed Keil. G. L. v. VI., pp. 607.—617.

scholia scaenicorum poetarum et Pindari [6])

et qui seorsum *de metris Horatianis* scripserunt

[Ps.] Atilius, ed. Keil. G. L. v. VI., pp. 294.—304.

Diomedes, ed. „ „ „ v. I., pp. 518.—529.

Mar. Victor., ed. „ „ „ v. VI., pp. 174.—184.

Ps. Servius, ed. „ „ „ v. IV., pp. 468.—472.

---

[6]) cf. Christ. Gr. L.² p. 699. n 8: „Auf Eugenios scheinen die

Anonymus in cod. Monac., ed. Christius in ‚Horatianis'
Stzber. bayr. Akad., philos. philol. Kl. 1893, pp. 81. et 115.
Praeterea pauca suis locis afferam. —
Iam ea, quae in his libris afferuntur de choriambici
et eorum metrorum, de quibus quid grammatici indicaverint
infra intererit scire, versuum formis, sic exscribam, ut
praemissa Hephaestionea doctrina subiungam Varronianam,
ordinem scilicet euchiridii secutus. Moneo vero eis locis,
qui non sunt ad verbum exscripti, sed quorum sunt additi
meri paginarum numeri, nihil extare novi; sed laudare
omnes, quibus est aliquid auctoritatis, visum est auctores,
ut absolutam et perfectam rem proponerem. Contra non
studui, ut minoris qui sunt momenti, locos omnes exem-
plaque omnia versuum congererem; velut data opera ubique exempla tractatus Harleiani (ed. Studemund in ind.
lectt. Vratisl. 1887/8) ex Pindari epiniciis pessime selecta
omisi; neque operae est praetium visum, de eorum mensura,
qui omnia metra in quoslibet pedes disyllabos dividi iubent,
copiosius dicere; quorum sat est unum exemplum attulisse,
versum *Νύμφαις, ταῖς Διὸς ἐξ αἰγιόχω φαισὶν τετυγμέναις* quem
scholiasta Hephaestionis p. 188. 28 dicit esse *ποδῶν ἀπλῶν
ὀκτώ*

$$-\,-,\ -\,\smile,\ \smile\,-,\ -\,\smile,\ \smile\,-,\ -\,\smile,\ \smile\,-,\ \smile\,-$$

vide Rossb.-Westph.[3] III., 2. p. 556 sq. Christ. p. 74; denique neglexi Charisium (cuius l. IV[1] frgta. ed. Keil. G. L.
v. I. pp. 228. sqq.), Rufinum (ed. Keil. G. L. VI., p. 554. sqq.),
Ps. Dracontem (ed. G. Hermann. a. 1812.), Eliae de metris
tractatum (edd. del Furia, Studemundus p. 170. sqq.), Ps. Hephaestionem (ed. Jacobsmühlen Diss. Arg. v. X.) alios
(vide Studemundi Anecd. gr. v. I.) qui vel nihil ad nos,
vel nihil proferunt ullius pretii de choriambis. Iam venio
ad rem ipsam.

---

erhaltenen metrischen Analysen der Dramatiker zurückzugehen, die
ebenso wenig Weit wie die Pindarischen haben.

I. *Μέτρα* [*συναρτητικά*], metra conexa[7].

a. *μέτρα μονοειδῆ* et b. *μέτρα ὁμοιοειδῆ*.

i. e. metra, quorum pedes eiusdem generis sunt usque ad finem unius cuiusque versus, vel metra, quorum cum pedibus propriis sunt coniunctae dipodiae iambicae vel trochaicae[8].

έ. περὶ ἰαμβικοῦ.

Hic notandum, quod affert schol. B. Heph. p. 154.11 de Byzantinorum versu aliquo (*κουκούλιον* dicit *Ανακρεόντειον*), cuius exemplum

ἀρετῆς ἔργα φέρειν ἔμπονος ἥβη.

ἔστι δὲ ὅτε καὶ ἀπὸ χοριάμβου ἄρχεται ὁ τοιοῦτος στίχος, εἶτα ἔχει τὸν ἰωνικὸν ἀπ᾽ ἐλάσσονος . . . . οἷον

Χριστιανῶν μακαρῶν ἔλθετε παῖδες.

Sed hoc levius.

ς΄ περὶ τροχαϊκοῦ.   Nihil habeo quod dicam.

ζ΄ περὶ δακτυλικοῦ.

α. *μονοειδοῦς.* Ne hoc quidem ad nos.

β. *ὁμοιοειδοῦς.* Heph. p. 25.12 ἔστι δέ τινα καὶ λογαοιδικὰ καλούμενα δακτυλικά, ἅπερ ἐν μὲν ταῖς ἄλλαις χώραις δακτύλους ἔχει, τελευταίαν δὲ τροχαϊκὴν συζυγίαν· ἔστι δ᾽αὐτῶν ἐπισημότατα τό τε πρὸς δύο δακτύλους ἔχον τροχαϊκὴν συζυγίαν, καλούμενον δὲ Ἀλκαϊκὸν δεκασύλλαβον,

καί τις ἐπ᾽ ἐσχατιαῖσιν οἴκεις

καὶ τὸ πρὸς τρισί, καλούμενον Πραξίλλειον

ὦ διὰ τῶν θυρίδων καλὸν ἐμβλέποισα

παρθένε τὰν κεφαλάν, τὰ δ᾽ ἔνερθε νύμφα.

cf. Aphthon. p. 70.17: cuius (i. e. dactylici hexametri) genere . . . . gignuntur . . . . logaoedium seu archebulium; [ubi nomen, quo ab Hephaestione anapaestica logaoedica nuncupata esse infra videbis, dactylicis logaoedicis est inditum; idem fecerunt et Aphthonius alibi et] Plos. Sacerd, qui

---

[7] cf. Westph.[2] I p. 182.

[8] cf. ibid. 180.

de logaoedico archebuleo egit p. 544. 6—10; frgt. bob. II.,
p. 629. 18. 20 [ubi pro ,duobus iambis' ,duobus trochaeis'
scribere oportuit librarium]; schol. A. Heph. p. 163. 13—20;
schol. Ambr. p. 141. Stud.; schol. Heph. alt. p. 14. 23 Hoersch.;
Trich. p. 253. 25—28 [quae exempla logaoedica dactylica
pentametra esse voluit] pp. 272. 17 — 275. 6; p. 272., not.;
tract. Harl. p. 17. 11 [cuius auctorem manifestum est errare];
Georg. Choer. ἐξηγ. c. VII., p. 72.; schol. Pind. O. IV. str.
v. 7. — Aristidis Quintiliani de logaoedici sententia (p. 9. C.):
τινὲς δὲ κἀν ταῖς πρώταις χώραις μόναις ἀμείβοντες τὸν δάκ-
τυλον καὶ τοὺς ἀνισοχρόνους αὐτῷ τῶν δισυλλάβων τιθέντες
ποιοῦσι τὰ καλούμενα λογαοιδικά.

Logaoedici πρὸς δύο versus divisio choriambica et
exstat apud Augustinum et apud Diom. p. 520., qui et ipse
de alcaïco decasyllabo haec: quartus inquit [scil. alcaïcae
strophae versus] scanditur sic, choriambus paeon tertius
spondeus [ex Keilii emendatione]

flumina con'stiterint a'cuto.

Omnibus his locis excepto uno nihil traditur de versibus logaoedicis qui πρὸς ἑνί sc. δακτίλῳ dicuntur. Quos
Hephaestioni vel potuis ei Alexandrino grammatico, qui
auctor fuit doctrinae Hephaestioneae, non fuisse notos
silentio testium nixus contendunt Rossbach [3] III., 2., 515 sqq.
Westphal Aristoxenos, p. 133. Sane concedendum tales
versus, in quibus inest unus dactylus, ab Hephaestione in
aliis numerari metris, velut pherecrateum, quem sic percutit
choriambice

-◡◡-, -◡◡, non sic

-◡◡, -◡, -◡.

Tamen apud Tricham extare videtur locus, ubi haec
quoque pherecratei mensura, logaoedica scil., inveniatur;
quat re fiat verisimile, ab Hephaestione vel ab alio auctore
discriminis mensurae non inscio hanc rem esse tractatam,
in enchiridio vero, qua est indole libellus et cum ille expressis verbis dicat ἐστὶ δὲ αὐτῶν ἐπισημότατα nihil nisi id,

quod ibi accuratiore instituta quaestione rectius esse sibi
persuaserat, esse traditum; pariter ac Tricha in ἐπιμερ·
τῶν ϑ᾽ μέτρ. utramque affert mensuram, in breviario nihil
dicit nisi λογαοιδικὸν . . . . δακτύλους ἔχει β᾽ ἢ γ᾽ ἢ δ᾽. Est
autem illa ἐπιμερισμῶν locus [9]) p. 274.8 οὐ μὴν ἀλλ᾽ οὐδὲ
inquit μονόμετρον ὅλως ἕξει [τὸ λογαοιδικὸν] διὰ τὰς αἰτίας
ἃς εἴπομεν ἐν τῷ περὶ δακτυλικοῦ· οὐδὲ δίμετρον βραχυκατάληκτον ἢ καταληκτικόν, ἵνα μὴ πάλιν τῷ δακτύλῳ συνεμπέσοι.
Ἀκατάληκτον οὖν δίμετρόν ἐστι τόδε

> ἀνίδεον φανέντα [‒ ᷉ ᷉, ᷉ ᷉ ᷉],

ὑπερκατάληκτον δὲ τὸ τούτου μιᾷ συλλαβῇ πλεονάζον ὡς τὸ

> ἀνίδεον φανέντα γε [‒ ᷉ ᷉, ᷉ ᷉ ᷉, ⌣]

Facile vero apparet versus quos attulit, plane eiusdem
esse formae atque illos, quos p. 284. χοριαμβικοὺς ἐπιμίκ-
τους esse dicit

> εὐδιόωσα πόντον [‒ ᷉ ᷉ ‒, ᷉ ‒ ᷉]

> ἠπιόωσα προσπόλῳ [‒ ᷉ ᷉ ‒, ᷉ ‒ ᷉ ‒]

A Tricha igitur ex libro aliquo, quo illi versus utrum
choriambicis pedibus essent dimetiendi an logaoedicis,
quaerebatur, utramque mensuram controversiae ratione
non habita esse exscriptam concludat quis, ita ut non
concedendum sit quod Westphal docet [2] I. p. 136, Trichae
librum nobis nullo esse commodo cum quae non ex Hephaestionis enchiridio hauserit, e scholiis quae nos quoque
tenemus, fluxerint; immo h. l. fragmentum esset traditum
vel maioris Hephaestionei de re metrica conscripti operis
vel alius cuiuslibet vetustioris libri. Tamen pro indole
ἐπιμερισμῶν ipse nequaquam ausim hoc pro certissimo

---

[9]) cui praecedit hic p. 273.: ἐδέχετο . . . . κατὰ τέλος . . . . τὴν διποδίαν τροχαϊκήν· ἐν δὲ τῇ ἀρχῇ δακτύλους δύο ἢ τρεῖς ἢ τέσσαρας, quibus
verbis quispiam nixus concludat, dimetra logaoedica — notandum vero,
ex Trichae sententia unam dipodiam trochaicam idem valere in loga-
vedica atque unum dactylum — omnino non esse, cum minimum ad
versum logaoedicum fingendum opus sit duobus dactylis et una dipodia trochaica.

affirmare, cum ut ipse Tricha nescius se choriambicos
scribere versus, illa exempla breviora logaoedica finxerit
fierip ossit, quod inde a brevissimo logaoedici generis versu
usque ad amplissimum, ut solebant metrici, ascendere
studebat; cf. ex. gr. verus choriambicos, quos affert, et exempla
trochaica p. 263. 28.

μονόμετρον βραχυκατάληκτον ὕψος
μονόμετρον καταληκτικον καλλίπαι
μονόμετρον ἀκατάληκτον βασίλεια
μονότετρον ὑπερκατάληκτον τληπονῶν καινων
δίμετρον βραχυκατάληκτον καλλίπαι θεοῖο.

Hephaestione a dimetro catalectio incipiente

νῦν δέ μοι πρὸ τείχεων.

Sic si res se haberet, sane nullius momenti essent
isti versiculi; id quod verisimilius esse confiteor.

Varronianorum de dactylicis logaoedicis sunt loci:
Aphthon. p. 111. 26—112. 6; Mall. Theod. p. 591., 22—24; centim. p. 460. 20—25; 29—31; frgt. bob. II., p. 629. 18 [ubi ‚sequentes versus’ intellige tertium et quartum strophae
alcaïcae]. — Neque Varronianorum desunt versuum πρὸς
ἑνὶ logaoedicorum vestigia, quae tamen mensura non ea
est, quam nos unice veram putemus, ea scilicet ex qua
idem valet trochaeus atque dactylus in logaoedicis ἀλογίᾳ
quadam; immo orta est dactylica mensura ex eo studio,
quod omnium Varronianorum commune esse supra dixi,
quo a dactylicis versibus derivantur metra. Qua in re
illi adiuvantur Horatiana illa ratione, ex qua pro trochaeo
saepissime spondeum collocari notum est. Velut cum
Plot. Sac. p. 516., l. 20., Diom. p. 520. 2, Mall. Theod. p. 592.
4—7, cent. auctor p. 465. 7—9, pherecrateum alterum non
antispasticum versum dicant esse

- - - ‿ , ‿ - ﹣, cf. Heph. p. 33. 6,

sed his dimetiantur pedibus

- -, - ‿ ‿, - - spondeo dactylo spondeo

grato|Pyrrha sub|antro,

haec sententia unde orta sit ipsorum apparet verbis; dicit enim Diom. (et Ps. Serv. p. 469. 26) pherecratium trimetrum *heroicum*, Mall. Theod. metrum *dactylicum*, sic scilicet dimetiendum:

$$- \smile\smile , - \smile\smile , - \smile\smile ;$$

porro Aphthon. p. 74. 22, eundem versum κόμμα τελικὸν heroici versus interpretatur, et [Ps.] Atilius, qui p. 297. 28, pherecratium item dicit constare spondeo dactylo spondeo, versum p. 292. 8, ‚partem dactylicam' appellat. De Mar. Plot. Sac. vide infra, ubi de glyconeis agam. — Alius generis videntur esse loci hi: Mall. Theod. p. 592. 1—8: metrum dactylicum trimetrum constat ex dactylo et duobos trochaeis sive ex dactylo et trochaeo et spondio. huius exemplum

tu genus hoc memento

$$- \smile\smile\ \ - \smile\ \ - \smile$$

Ter. Maur. v. 2551.—2554. (de hendecasyllabo phalaecio)

sed primi pedis ante lex tenenda est
spondeum siquidem videmus istic
tamquam legitimum solere poni,
post hunc dactylum atque tres trochaeos

$$- - , - \smile\smile , - \smile . - \smile , - \smile .$$

cf. Aphthon. p. 148. 16—17: primus in versu spondeus sollemniter, post dactylus, dehinc tres trochaei ponuntur. cf. Aphthon., p. 148.1—8; p. 118. 10; Mall. Theod. p. 590. 21—591. 1; centim. p. 465.30—466. 1; frgt. bob. II., p. 629. 10, Beda p. 254. 14.

Mall. Theod. (et reliqui p. 42. laudati) p. 591. 1—8: metrum dactylicum sapphicum hendecasyllabum constat ex trochaeo et spondio et dactylo et duobus trochaeis sive trochaeo et spondio, ut est apud Horatium:

iam sa|tis ter|ris nivis|atque|dirae

$$- \smile , - - , - \smile\smile , - \smile , - \smile . —$$

Primum enim in his plerumque non spondei cum dactylis coninucti, sed trochaei, ut oportet in versibus]vere logaoedicis; deinde a Mallio Theodoro priorem locum non inscio diversitatis mensurae scriptum esse potest demonstrari. Quod collato hoc Terentiani loco cognosces

> v. 2525. et choriambus unus
> praeditus antibaccho
> claudicat, ut priores
>
> . . . .
>
> . . . .
>
> 2533. ,Inachiae puellae
> seu bovis ille custos'
> colon et hoc in usu
> carminis est Horati [10])
> 2537. *tu genus hoc memento*
> reddere, cum reposcam.

Vides v. 2537. non ut exemplum alicuius poetae esse positum, sed esse particulam contextus ipsius Terentiani. Sequitur primum ut qui afferat hunc versum, eum hauserit aliquomodo ex ipsius Terentiani libro; deinde, cum idem aliam atque Terentianus mensuram proponat, tacens *sed diversitatis* conscius pugnet cum eo.

Tamen dubito an ne Varroniani quidem, cum hos versus πρὸς ἑνὶ δακτύλῳ esse docerent, hoc ut facerent alia re sint commoti, nisi quod dactylum potissimum in versibus agnoscere studebant. Nam controversiam de talibus versibus, utrum choriambice an *dactylice*, non utrum choriambice an *logaoedice* essent scandendi, inter Varronianos fuisse demonstrari potest, cuius rei vestigia compluria cognosces infra, ubi de glyconeis et de asclepiadeis agam. Eos vero, qui dactylice πρὸς ἑνὶ versus dividunt, si logaoedici mensurae studiosos diceres, valde errares; nam ex. gr. hunc quoque versum

tu ne quaesieris, scire nefas, quem mihi, quem tibi dactylicum esse volunt sic

---

[10]) dicit Ter. Maur. Horatii l. I. c. 8. v. 1. Lydia dic per omnes sic scandendum $- \cup \cup -, \cup - \simeq$.

$$- \overline{\smile\smile}, - \smile\smile, -, - \smile\smile, -, - \smile\smile, - \smile \circeq$$

qui sane nequaquam potest esse logaoedicus.

η΄. περὶ ἀναπαιστικοῦ.

α. μονοειδοῦς. Hi versus nihil ad nos.

β. ὁμοιοειδοῦς. (Heph. p. 29. 12). Ὥςπερ δὲ ἐν τῷ δακτυ-
λικῷ ἦν τι λογαοιδικόν οὕτω κἀν τῷ ἀναπαιστικῷ τὸ εἰς
βακχεῖον περαιούμενον, οὗ ἐστὶν ἐπισημότατον τὸ μετὰ τέσσαρας
πόδας αὐτὸν ἔχον τὸν βακχεῖον, ὦν (scil. τεσσ. ποδῶν) ὁ
πρῶτος γίνεται καὶ σπονδεῖος καὶ ἴαμβος. Καλεῖται . . . . Ἀρχε-
βούλειον . .; eius formae

$$\overset{\smile}{\smile} -, \smile\smile -, \smile\smile -, \smile\smile -, \smile\smile -,$$ apud Alcmanem sic quoque:

$$\overset{\smile}{\smile} -, \overline{\smile\smile} -, \overline{\smile\smile} -, \overline{\smile\smile} -, \smile\smile -.$$

Exscripsi hunc locum non quin hi versus cum choriambicis
artiore essent coniuncti nexu, sed ut qui legerent, infra
qui versus soli ex veterum doctrina logaoedici essent,
praesto haberent. cf. Aphthon. p. 70. 17, p. 75. 20—26; [Ps.]
Atil. p. 292. 26—31; schol. Ambr. p. 145. Stud.; schol. A p.
177. 20; B p. 178. 22 —179. 5; Tricha p. 254. 1; p. 280. 11—25,
et nota; tract. Harl. p. 20. — Varronianorum loci sunt:
C. Bass. p. 256. 8—26; Ter. Maur. v. 1908. sqq. Aphthon.
(qui rem perturbavit) p. 126. 9, et passim; [Ps.] Atil. p.
292. 26—31. Diomed. p. 514. 1—5; centim. p. 466. 8—10;

θ΄. περὶ χοριαμβικοῦ.

Formae versuum choriambicorum, quas veteres afferunt,
sunt hae:

α. μονοειδοῦς

i. e. quod exit in choriambum, vel catalectice in - ⌣⌣

vel propter indifferentiam novissimae syllabae in - ⌣ -.

monometrum: - ⌣⌣ -

a simplici choriambo incipi vult Heliodorus periodum
Ar. nubb. v. 467. ὥςτε γε σοῦ, v. schol.

dimetrum catal. - ⌣⌣ -, - ⌣ ≏

ἱστοπόνοι μείραπες Heph.

cf. Plot. Sac. p. 534. 10 –12; Trich. p. 283. 3; schol. Ambr.
p. 146. Stud.

dimetrum atacal. -⌣⌣-, -⌣⌣-
sanguine quis purpureo [Ps.] Atil. p. 288. 10.
cf. Trich. p. 283. 5 ;
idem cum soluto primo pede ⌣⌣⌣⌣-, -⌣⌣-
ἴτερα δὲ νῦν ἀντιμαθών schol. Ar. vesp. 1453, qui
εὕρηται inquit γὰρ καὶ χορίαμβος πεντασύλλαβος; idem
testantur alii.
dimetrum hypercatal. -⌣⌣-, -⌣⌣-, ⌣̱
ἀλλά γε καὶ ἠρεμόωντα Trich. p. 283. 7,
cf. M. Theod. p. 597. 17.
trimetrum catal. -⌣⌣-, -⌣⌣-, -⌣⌞
οὐδὲ λεόντων ὄθένος, οὐδὲ τροφαί Heph.
cf. Aphthon. p. 86. 34; Plot. Sac. p. 534. 21; [Ps.] Atil.
p. 288. 11; schol. Ambros. p. 147. Stud.; Trich. p. 283. 10.12
trimetrum acatal. -⌣⌣-, -⌣⌣-, -⌣⌣-
γνοὺς ἀπολάψεις ὅτι πλεῖστον δύνασαι schol. Ar. nubb.
v. 804. cf. Trich. 283. 14.
trimetrum hypercatal. -⌣⌣-, -⌣⌣-, -⌣⌣-, ⌣̱
σεῖο δ᾽ ἄνευ μηδὲ πνοᾶς μέτρον ἔχοιμι Trich. p. 283. 16;
cf. Mall. Theod. p. 597. 14.
tetrametrum catal. -⌣⌣-, -⌣⌣-, -⌣⌣-, -⌣⌞
αἴ Κυθερήας ἐπιπνεῖτ᾽ ὄργια λευκωλένου Heph.
cf. schol. Ambr. p. 147. St.; Trich. p. 254. 3 ; 283. 20.22.
tetrametrum acatal. -⌣⌣-, -⌣⌣-, -⌣⌣-, -⌣⌣-
uror amoris stimulo, cor quatit artus pavidos Aphthon.
p. 53. 5 ; p. 86. 4; [Ps.] Atil. p. 288. 15; Trich. p. 283. 20.
tetrametrum hypercat. -⌣⌣-, -⌣⌣-, -⌣⌣-, -⌣⌣-, ⌣̱
ἀλλά γε καὶ ἠρεμόωντ᾽ ἀτρεμέως καί τε καθυπνεῖν Trich.
p. 283. cf. Mall. Theod. p. 597. 10. — De
pentametro ⎱ quae in eodem capite dicit Tricha, addere eum
hexametro ⎰ oportuit sequenti, quod est de ὁμοιοειδέσιν; pariter metrici Latini scriptt. quid interesset inter μονοειδῆ
et ὁμοιοειδῆ metra, parum intellexere; velut Aphthon p. 127.,
qui versum
dum meus hic assiduo | ardeat igne lucus

2

‚non sui generis pede claudi' dicit l. 24.; qui vero sit pes vel potius quae dipodia catalectica, iambica scil., ignorat, cum statim ‚non nunquam choriambo . . . . iambicam basin immisceri' tamquam novum aliquid neque antea dictum pronuntiet.

β. ὁμοιοειδοῦς.

i. c. cui admixtae sunt dipodiae iambicae et potissimum id quod exit in dipodiam iambicam catal. ‿ - ‿; cf. Arist. Quint. p. 9. C. τὸ μὲν οὖν χοριαμβικὸν ἐπιδέχεται δικοδίαν ἰαμβικὴν καθαρὰν καὶ τὴν ἐκτάσημον, id est ‿‿-‿, ‿-‿‿, ‿-‿-; Aphth. p. 86.6 ‚admixta et posita in quacunque sede iambica basi, cuius etiam conclusione finiri praecique studet'; ib. l. 14.—16. schol. A. Heph. p. 126.8.—11; miram atque eam perversam de choriambicorum antispasticorum ionicorum versuum fine sententiam profert Mall. Theod. p. 597. 1., 13.; choriambis inquit nisi dactylicus finis (-‿‿-- dicit) adiceretur, nihil in his esset dulce et canorum. monometrum vide sub ἀντικαθέσιν.

dimetrum catal. -‿‿-, ‿-‿

οὐκ ἔτος ὦ γυναῖκες Heph.

cf. Heliod. schol. Ar. equ. 551.; schol. nubb. 563., pac. 575., passim.; centim. p. 463.5; schol. Ambr. p. 147. Trich. p. 284.14; — Varronianorum loci: Caes. Bass. p. 270.9; Ter. Maur. v. 2525.—2538. (cf. Westph.[2] I. p. 144 exit.), qui hanc quoque formam versus novit ‿-‿-, ‿-‿, quam parum sibi constans schol. Arist. non ascribit choriambicis etsi saepe cum eis coniunctam; Aphthon. p. 165.23; p. 172.18; Diom. p. 509.8—10; p. 520.20; [Ps.] Atil. p. 300.19; p. 301.5; Ps. Serv. p. 470.9; adde Priscianum G. L. v. III., p. 459. K. Quod Plot. Sac. p. 517.12—17 versum

Lydia dic per omnes

numerat in archilochiis penthemimericis simplicibus

hypercatal., quae constant duobus dactylis et syllaba, merus error est.

dimetrum acatal. $-\smile\smile-, \smile-\smile-$

ἵππ᾽ ἄναξ Πόσειδον ᾦ Heliod. l. l. cf. schol. nubb. 563.; 804. ubi versus ἀπὸ χοριάμβου βάσεως εἰς ἴαμβον nuncupatur; Trich. p. 284. 18. Ceterum hic versus pariter atque $\smile-\smile\smile, \smile-\smile-$ in schol. cod. Rav. equ. 973. est glyconeus appellatus, primus scilicet quem Rossbachius et Westphalius volunt; cuius nominationis exemplum aliud non inveni. Alia forma $\smile-\smile-, -\smile\smile-$

λαμπροῖς ἀκτῖσιν κατέχει Ar. Vesp. 572, de qua schol.: δίμετρον ἐξ ἐπιτρίτου τρίτον καὶ χοριάμβου et ὅμοιον ἐκ δισπονδείου καὶ χοριάμβου. De hac forma quod addit, ἢ δακτυλικὸν ἐφθημιμερές ($\smile-\smile-, -\smile\smile-$ = $-\overline{\smile\smile}, -\overline{\smile\smile}, -\smile\smile, -$), non putandum est eum hoc scripsisse respicientem Varronianorum doctrinam, sed quod insunt in hoc stropha alia dactylica cola (7. 8.); cf. enim schol. nubb. 700. 804., ubi hic versus ἀπὸ χοριάμβου (legendum ἰάμβου) βάσεως εἰς χορίαμβον nuncupatur; adde schol. nubb. 949.

trimetrum brachycatal. $\smile-\smile-, -\smile\smile-, \smile-$

vs. nubb. 701 ταχὺς δ᾽ ὅταν εἰς ἄπορον πέσῃς videtur ἐκ διάμβου καὶ χοριάμβου (adde καὶ ἰάμβου) τρίμετρον βραχυκατάλ. esse scholiastae.

trimetrum catal. $-\smile\smile-, -\smile\smile-, \smile-\smile$

δακρυόεσσάν τ᾽ ἐφίλησεν αἰχμάν Heph. cf. schol. Ambr. p. 147. Stud., centim. p. 463. 8; Plot. Sac. p. 535. 1: interdum inquit trimetrum catalecticum a diiambo incipit, in medio choriambum habet, in novissimo amphibrachyn $\smile-\smile-, -\smile\smile-, \smile-\smile$

nepotem¹¹) o conficere studebat cf. schol. Ar. nubb. 563. 705. — De trimetro versu

_____

11) De Plot. Sac. in versibus peccatis v. Keil. p. 423. not.

cum epitrito pro choriambo primo

$$-\cup\bar\subset-,\; -\cup\cup-,\; \cup--$$

iam satis terris nivis atque dirae

v. infra, de Augustini trimetro

$$-\cup\cup\overline{\wedge}\,|-\cup\cup-|\cup--\wedge$$

supra retuli.

trimetra acatal. affert Plot. Sac.

p. 535. 20 primis duobus choriambis tertio diiambo

$$-\cup\cup-,\; -\cup\cup-,\; \cup--\cup$$

carpe diem quam minimum dolendo nos.

ib. l. 17. primis duobus diiambis, tertio choriambo

$$\cup-\cup-,\; \cup-\cup-,\; -\cup\cup-$$

beatus ille qui procul scire potest.

ib. l. 23. clodum, primo choriambo, insequentibus sy-
zygiis iambicis $-\cup\cup-,\; \cup-\cup-,\; \cup--\underset{\cdot}{\cup}$

bella ferae Numantiae dedit Roma. } huc insere quae sunt p.40.sq. uncis inclusae.

trimetra hypercatal.

$-\cup\cup-,\; -\cup\cup-,\; -\cup\cup-,\; -$ Mall. Theod. p. 597. 6

Phoeniciā veste nitens ibat Arion.

$\cup-\cup-,\; -\cup\cup-,\; \cup-\cup-,\; -$ Aphthon. p. 130. 11

caduca popli coma glauca iam per agros; quem versum
schol. Aesch. Prom. 128. ubi est hoc exemplum

μηδὲν φοβηθῇς · φιλία γὰρ ἄδε τάξις,

rectius vocat Ἀνακρειόντειον κεκλασμένον πρὸς τὸ θρη-
νητικόν ($\cup-\cup--$] $\cup\cup-\cup,\; -\cup\overset{\cdot}{\cup}\cup$.)

tetrametron catal. $-\cup\cup-,\; -\cup\cup-,\; -\cup\cup-,\; \cup-\subset$

δεῦτέ νυν ἁβραὶ χάριτες καλλίκομοί τε Μοῖσαι Heph. cf.
Aphthon. p. 86.22; Plot. Sac. p. 536. 1; [Ps.] Atil.
p. 284. 18; Mall. Theod. p. 597. 10; centim. p. 463. 11;
— Varroniarum loci. Caes. Bass. p. 264.10; Ter. Maur.
vv. 1861.—1907. (cuius duos errores expedivit Westphal. ² I. p. 151.; phalaecio nomen enim indidit metro
non philicio, atque id versui tetrametro, cum Philicus
στίχους ἑξαμέτρους scripserint testibus Caesio Basso et

Hephaestione; eadem commisere vitia qui ex eodem quo Ter. Maur. fonte hauserunt.) Aphthon. p. 127. 16. 22.

idem cum soluto primo pede ⏑⏑⏑⏑–, –⏑⏑–, –⏑⏑–, ⏑–◡
ἀναπέτομαι δὴ πρὸς Ὄλυμπον πτερύγεσσι κούφαις Heph. cf. Plot. Sac. p. 536. 4; schol. A. Heph. p. 181.₂₀ (Ambros. p. 147. St.) *γίνεται οὖν τῆς ἀναπέτομαι λέξεως τὸ πρὸ τοῦ τομαι τρίβραχυς, τῆς μακρᾶς συλλαβῆς τοῦ ἰάμβου διαλυομένης εἰς δύο βραχείας · καὶ πάλιν* (illud *πάλιν* falso intellexit qui verba a Westphalio deleta adscripsit) *τοῦ χοριάμβου ἡ μακρὰ* (solvi potest) *καὶ γίνεται ἕτερος τρίβραχυς καὶ μένει τὸ ἰαμβικόν.* — Versus Anacreontis in schol. Ar. avv. 1372. sic, si quid video, est divisus anapaestice, quod tota stropha anapaestis iambisque constare visa est grammatico

ἀναπέτομαι δὴ πρὸς Ὄλυμπον ⏑⏑⏑⏑ | ⏑⏑– | ⏑⏑⏑ | –
πτερύγεσσι κούφαις.‖πέτομαι δ' ὁδόν ⏑⏑⏑ | ⏑⏑⏑ ‖ ⏑⏑⏑ | ⏑⏑

(nam versum esse dividendum, apparet ex his scholiastae: *διὸ καὶ τὸ Χ ἔχουσι οἱ δύο στίχοι,* quae nota est adscripta uni versui 1372. [12])

idem cum solutis pedibus I⁰. II⁰. III⁰ vel I⁰. et II⁰.

⏑⏑⏑⏑–, ⏑⏑⏑⏑–, ⏑⏑⏑⏑–, ⏑–◡

---

[12]) Reliqua pars periodi vide ne sic divisa sit a scholiasta
γ. ⏑⏑ ⏑⏑ | ⏑⏑ ⏑ ‖ ⏑⏑ –
δ. ⏑–⏑– ⏑–⏑– ⏑–⏑– v. 1375.
ε. ⏑⏑– | ⏑⏑ }
ς. ⏑⏑ ⏑⏑ | ⏑⏑ ⏑ | ⏑⏑ ⏑ } v. 1376.
ζ. ⏑–⏑–⏑–⏑– ⏑–⏑– v. 1377.
η. ⏑–⏑–⏑–⏑– ⏑–⏑– v. 1378.
ϑ. ⏑–⏑–⏑–⏑– v. 1380.
ι. ⏑⏑⏑ ⏑⏑ ⏑ ‖ – ⏑ v. 1381.

Tamen propter κούφαις v. 1372. et λιγυφϑόγγοις v. 1381. et quod non est primum colon par decimo, id quod vult scholiasta, rem incertam esse concedo. Textum scholii corruptum esse negaverim, nisi forte offendis in τὸ ι' ἀναπαιστικὸν πενϑημιμερές.

super agit au|ra mare ferens|procul acatos|biremis
Aphthon. p. 86. 11, p. 87. 7. — Varroniani id genus
afferunt versum ex Sereni poetae novelli in Janum
conscripto carmine petitum

‿‿‿‾, ‿‿ ‿‿ ‿‿, ‾‿‿‾, ‿‾≍

tibi vetus a|ra caluit abo|rigineo sacello.

idem cum dipodia iambica pro choriambo II°

‾‿‿‾, ‿‿‿‾, ‾‿‿‾, ‿‾≍

ἐκ ποταμοῦ 'πανέρχομαι πάντα φέρουσα λαμπρά. Heph.
cf. Ter. Maur. v. 1897. sq., Aphthon. p. 127. 25—128. 8,
qui afferunt Sereni versum ,cui reserata mugiunt
aurea claustra mundi'; porro vide Aphthon. p. 101. 29;
p. 144. 16; Diom. p. 508. 33; p. 509. 9; p. 520. 25; Ps.
Serv. p. 470. 10.

idem cum dipodiis iambicis pro choriambis I° et II°;

‿‾‿‾ ‿‿‿‾, ‾‿‿‾, ‿‾≍

apes legunt mel ex rosa, tu labio ministras, Aphth.
p. 86. 10;

idem cum epitrito II° pro choriambo I°

‾‿≍‾, ‾‿‿‾, ‾‿‿‾, ‿‿‿

(hoc) deos (vere) Sybarin cur properes amando.

de quo vide infra. Caes. Bass. p. 270. 3 epitritum
vitiosum reprehendit pariter atque Aphthon. p. 87. 12—20;
p. 165. 23; p. 172. 18; Diom. p. 508. 36—509. 2; ibid. l.
⁹/₁₀; p. 520. 20; [Ps.] Atil. p. 300. 19—301. 11. Ps Serv.
p. 470. 9; Mar. Victor. p. 178. 25. Terent. Maur. quae
de carmine dixerat, non extant. — Huc insero, non
quod huc iure pertineat, sed quod quo rectius pertineat,
fateor me nescire, versum, cuius mentionem facit Aphthon. p. 146. 14 ‾‿‿‾, ‾‿‿‾, ‾‿‿‾, ‿‾≍

nunc agite tota venit Lydia nunc per omnes.

de versu ab eodem allato p. 146. 18 vide infra.

tetrametrum hypercatalectum

‾‿‿‾, ‾‿‿‾, ‾‿‿‾, ‾‿‿‾, ⌄ Mall. Theod. p. 597. 22.

celsus equo Phoenicia veste nitens repente fulsit.
Arist. Quintil. p. 9. C. (τὸ χοριαμβικὸν) ἄρχεται ἀπὸ διμέτρου
καὶ πρόεισιν ἕως τετραμέτρου, ὅτε ἐστὶν καθαρόν· Diom. p.
505. 22: e dimetro in tetrametrum longiatur. — Sed extant
pentametrum catal. -◡◡-, -◡◡-, -◡◡-, -◡◡-, ◡-ꞇ
    δαίμονες εὐυμνότατοι Φοῖβέ τε καὶ Ζεῦ, Διδύμων γεναρχαί.
    Heph.
  cf. Aphthon. p. 86. 30; Plot. Sac. p. 536. 14; centim. p.
  463. 14; schol. Ambros. p. 148. Stud.
hexametrum catal. -◡◡-, -◡◡-, -◡◡-, -◡◡-, -◡◡-, ◡-ꞇ
    τῇ χθονίῃ μυστικὰ Δήμητρι τε καὶ Φερσεφόνῃ καὶ Κλυμένῳ
    τὰ δῶρα. Heph.
  cf. Aphthon. p. 86. 16; 27; Plot. Sacerd. p. 536. 18; —
  Caes. Bass. p. 263. 22 - 264. 16, qui apud nostros inquit
  hoc metrum non reperio; quod corrigere studet Ter.
  Maur. v. 1889.—1896., cum Sereni exemplum afferat
    Jane pater Jane tuens Jane biceps biformis
  falso, ex errore in quo eum versari supra est dictum.
heptametrum catal. -◡◡-, -◡◡-, -◡◡-, -◡◡-, -◡◡-, -◡◡-, ◡-ꞇ
    da mihi poclo Veneris mixta Thyonigena vel Gratia
    quod det roseo labello Aphthon. p. 87. 20;
    ultra quam inquit proceritatem choriambicum non
    facile possis reperire.
ί. περὶ ἀντισπαστίκοῦ.

    Notandum ei, quem secutus est Caesius Bassus, anti-
spasticum metrum nondum fuisse notum; quam ob rem
metra ab Hephaestione antispastice divisa aliter omnia
percutiuntur a Varronianis, *choriambice* imprimis aut dactylice.
penthemimeres ◡---◡, ꞇ (dochmius)
    κλύειν μαίεται Heph.
dimetrum brachycatal. ◡---◡, -- (ἢ ἐκ δυοῖν βαχχείοιν ἀκατάλ.)
    τί πάσχεις; τί κάμνεις schol. Ar. nubb. 700.
hephthemimeres ----◡, ◡-- (pherecrateus II.)
    ἄνδρες πρόςχετε τὸν νοῦν Heph.

cf. Aphthon. p. 87. 4; [p. 88. 26;] schol. A. Heph. p. 186. 28; Trich. p. 287. 1 et not. — Varronianorum alteri versum choriambice dividunt, velut Aphthon. p. 172. 18: pherecratia, spondeus grato, choriambus cum syllaba Pyrrha sub antro:

$$-\,-,\ -\,\smile\,\smile\,-,\ -$$

frgt. bob. II. p. 629. 16; Augustin. p. 823.; — alteri versum partem dactylici hexametri vel τομὴν hendecasyllabi phalaecii de qua re vide infra, putant. In his est Caes. Bass. p. 261. 8, qui quarta divisione hendecasyllabi phalaecii pherecrateum efficit sic

$$-\,-\,-\,\overline{\smile\smile}\,-\,-\,\smile\,|\,-\,\smile\,-\,-$$

castae quas veneramur | o sorores

et qui haec addit: (prius comma) heroi . . . . dactylici pars est hoc modo:

castae quas veneramur Olympia templa tenentes,

Ter. Maur v. 2819.—2832. et Aphthon. p. 152. 31— 153. 11 conferunt cum pherecrateo versiculum

$$-\,\overline{\smile\smile}\,-\,\overline{\smile\smile}\,-\,\smile$$

infandum regina;

porro vide [Ps.] Atil. p. 292. 8; Diom. p. 512. 5; Ps. Serv. p. 469. 26; et adde eos quos supra ubi de logaoedicis πρὸς ἑνὶ egi, laudavi. — Utramque mensuram, et choriambicam et dactylicam, affert Aphthon. p. 165. 1; 177. 27.

dimetrum acatal. ⹀ ⹀ - ⹀, - - - - (glyconeus.)

κάπρος ἡνίχ' ὁ μαινόλης
ὀδόντι σκυλακοκτόνῳ Heph.

Quod in schol. Ar. equ. 551. annotatum est ad versum 551. ὦ γεραίστιε παῖ Κρόνου - - - ⹀, - - - ⹀
τῶν δὲ ἑξῆς ἀντισπαστικῶν . . . τὰ δὲ λοιπὰ δίμετρα ἀκατάληκτα · Γλυκώνεια ἐκ διτροχαίου καὶ ἰάμβου (sic textus Duebnerianus) vide ne sit scribendum καὶ διάμβου; cf. schol. nubb. 563.; Heliod. in schol. equ. 973.; praeterea Tricha p. 287. 7, et not. — Mirum quod

Latini grammatici atque ei quoque quibus alibi Hephaestionea est probata doctrina, huius antispasticam glyconei versus mensuram silentio praeterierunt, nisi quod Plot. Sac. p. 537. 20 haec: ,antispasticum inquit acatalectum dimetrum glyconium fit spondeo et duobus trisyllabis, ut κάπρος ἡνίχ' κτλ. Hoc differt a glyconio dactylico, quod illud, sicut ante (p. 511. 18; cf. p. 544. 16) tractavi, spondeo constat et duobus dactylis; . . . potest tamen et spondeo et choriambo percuti'. Hae sunt nugae ortae parum intellectis et Hephaestionea — nam ne id quidem perspicit Sacerdos, cur sit antispasticus versus — et Varroniana doctrinis et eis falso inter se commixtis. Ceterum addendum, in ea quoque parte, quae est de pherecrateo apud Plot. Sac. alibi Hephaestionis sectatorem, Varronianam latere doctrinam, quippe de quo doceat p. 516. 5: constat . . . . pherecratium spondeo dactylo spondeo; nec non usurpat pherecratium *dactylicum* ad versus antispasticos fingendos p. 538. 16. — Varroniani versum percutiant choriambice sic --, ----, --,

velut Caes. Bass. p. 259., qui eum tertiam divisionem phalaecii hendecasyllabi atque eiusdem generis iudicat esse atque asclepiadeum minorem, sed sine unius choriambi incremento; porro notandum quod dicit: ,hoc metrum . . . . ab Alcaeo tractatum est et ab Horatio nostro'. cf. [Caes. Bass.] p. 306. 4; Ter. Maur. v. 2602 sqq., qui eandem atque Caes. Bass. profert derivationem (sic Diom. quoque p. 509. 19) et duas primas et novissimas syllabas expressis verbis excrementa choriambi appellat v. 2611., simul additis e Senecae et Septimii libris petitis exemplis, ubi loco spondei prioris iambus vel trochaeus invenitur; contra iambum in fine semper esse positum contendit. Aphthon. ut solet parum sibi constans alibi alias formas versus affert:

p. 119. 8 --, -‿‿-, ‿‿ (sic) derivandam a -‿‿, -‿‿, -‿‿

p. 147. 1 --, -‿‿-, -‿   „   „ -‿‿, -‿‿, -‿‿

p. 149. 26 ‿̲ ‿̲ } -‿‿-, ‿-, ubi ‚incrementa' choriambi I. et
                  III. pes;

p. 152. 2 --, -‿‿-, ‿‿ derivandam a -‿‿, -‿‿, -‿‿;

p. 163. 5 --, -‿‿-, ‿‿ ‚hexametri prior pars', cf. Diom.
pp. 509. 19; 512. 4; 520. 10; idem docent Aphthon.
p. 74. 20 et Plot. Sac. p. 544. 16, non secuti, ut
supra dixi, Hephaestioneam doctrinam;

p. 168. 6 }
p. 172. 6 } --, -‿‿-, ‿- omissa dactylica mensura, sicut

[C. Bass.] p. 306. 4, Diom. p. 519. 22, p. 520. 5, centim.
p. 469. 10, Prisc. G. L. v. III. p. 459. K., Augustin.
p. 823., frgt. bob. II. p. 629. 14, cum neclecta mensura choriambica versum dactylicam tripodiam esse
dicant [Ps.] Atil. p. 292. 9; p. 297. 26; Diom. p. 512. 4;
522. 19; 522. 23; Mall. Theod. p. 592. 7; Ps. Serv. p.
469. 10 (‚qui constat spondio et duobus dactylis'.)

dimetrum hypercatal. ----‿, ‿-‿‿-, -
xaì xvíσσῃ τινὰ θυμήσας Heph.
cf. Trich. p. 287. 14—24 et not., Mall. Theod. p. 598. 16
cl. l. 7—8. Quem versum ex Varroniana doctrina sic
dimetire:

         --, -‿‿-, ‿-‿

trimetrum brachycatal. ----‿, ‿-‿‿-, ‿‿
fauni semideum numen adest, centim. p. 463. 20; cf.
Plot. Sac. p. 538. 5 (ubi haec forma ---‿, -‿-‿-, ‿‿)

trimetrum catalect. ---‿, ‿-‿‿-, ‿-‿
δεῦρ' ἴλθ' ἐς χορὸν ὤ χρυσοτρίαιν' ὤ Heliod. schol. equ.
559 et similis versus ran. 324., ubi in scholio lege ἐx
διτροχαίου ἀντισπάστου xaì βαxχείου -‿‿, ‿-‿‿-, ‿-‿;
de priore cf. Aphthon. p. 88. 28, Ps. Atil. p. 288. 23,
centim. p. 463. 22. Hunc versum Terent. Maur. v. 1939.
ad dactylicos reducit sic

        -‿̲‿, -‿‿, --, ‿‿, -‿,

parum quidem ille sibi constans, cum alibi (v. infra)
vituperet eos, qui asclepiadeos (i. e. eosdem versus,
sed una syllaba longiores) rectā ut ita dicam a dactylicis versibus deducunt. Similia atque Ter. Maur.
profert Aphthon. p. 120. 12 — p. 121. 2, qui versum
ex uno quoque versu hexametro dactylico formari
posse dicit demptis mediis tribus aut quattuor (adde
,aut quinque') syllabis, (sic

$$- \overline{\cup\cup}, -\cup\cup, - [\overline{\cup\cup}, - \overline{\cup\cup}] -\cup\cup, -\circ.$$

at regina gravi [iamdudum] saucia cura.
Choriambicam ne huius quidem mensuram versus, hanc
scilicet --, -\cup\cup-, -\cup\cup-, - apud Varronianos inveni.
trimetr. catal. cum diiambo pro antispasto II°:
----, -\cup\cup-, -\cup- (hendecasyllabus phalaecius.)
χαῖρ᾽ ὦ χρυσόκερως βαβάκτα κήλων.
cf. Aphthon. 88. 37, 89. 3; [Ps.] Atil., quamvis in parte
Varroniana, p. 293. 9; Trich. p. 254. 16; 288. 1 et not.
— De Varronis ipsius mensura hendecasyllabi phalaecii tres extant loci: Caesius Bassus postquam
quomodo ex phalaecio fieret ionicus sotadeus, exposuit,
haec p. 261. 18: ex quo inquit non est mirandum quod
Varro in cynodidascalo phalaecion metrum ionicum
trimetrum appellat, quidam ionicum minorem. Pariter
Terent. Maur. v. 2845. sqq.

idcirco genus hoc phalaeciorum
vir doctissimus undecunque Varro
ad legem redigens ionicorum
hinc natos ait esse, sed minores.

v. 2882. nec mirum puto, quando Varro versus
hos, ut diximus, ex ione natos
distinguat numero pedum minores.
Terentiani verbis nixus conclusit Westphalius [3] III. 1.
p. 355. ionicum Varroni visum esse phalaecium versum
$\overline{\cup\cup} -- | -\cup\cup-\circ | \cup-\cup-\times |$,Caesiique locum, qui repugnat, sic
emendavit: Varro ... ionicum trimetrum appellat et

quidem minorem; id quod displicuit Weilio Jbb. anni
1867. p. 132. et Keilio, qui volunt Lachmannum secuti
retento codd. mss. textu sic divisum esse versum a
Varrone -|--◡◡|-◡-◡|-◡. In diiudicanda lite hoc
praemittam, nihil effici ex Terentiani locis, quippe qui
utramque, et Westphalii et Weilii, patiantur inter-
pretationem. Pari enim iure verti mihi videtur v. 2845:
hos versus hinc (ex ionicis a ma.) natos esse, sed minores: die phalaecischen Verse seien aus den ionici a
ma. entstanden, seien aber an Umfang kleiner (Weil.),
et ... entstanden, aber als ionici a mi., id quod facillime fit detractione illa; versum vero 2882. diese
Verse, sive dicit Ter. Maur. versus phalaecios sive
anacreonteos, seien aus den ionici a ma. entstanden,
aber seien kleiner nach der Zahl der Füsse, et ...
entstanden, nach dem Rhythmus der Füsse als ionici a
mi.[13]) Quam ob rem redeamus ad Caesii locum ipsum.
Ubi non quadrare videtur contextus accepta Westphalii coniectura; nam verba faciente Caesio de ionicis
transitus ad *sotadeis*, tunc qui fit inde ionicos *a minore?*
Varronis sententia, Nonne tunc miranda est quam mi-
randam esse Caesius negat? Tamen non solum hanc
offensionem tolli, sed etiam coniecturam ipsam firmari
posse censeo. Tollitur enim offensio, simodo non vis
inest in vocabulis ionicum *sotadeum* et ionicum *mino-*
rem, sed in *ionicum* sotadeum et *ionicum* minorem;
firmatur coniectura ea re, quod omnino non noti
Varronianis ionici a maiore nisi tetrametri sotadei;
ex quo collegerim, hanc Varronis ipsius tententiam
fuisse;[14]) quacum re cum repugnet trimeter ionicus a
Varrone statutus, scribatur: ·

---

[13]) In nomine ‚ionici minoris‘ pro ‚ionicus a minore‘ adhibito
nemo offendet cl. p. 89. 28. 84; p. 308. 1. 8; p. 589. 27; p. 542. 8; 618. 16
(‚ionicus maior es[t]‘) vol. VI¹ G. L.

[14]) nam quod Weil. contendit Jbb. a. 1862., p. 887., versum

et quidem ionicum minorem.

Apud Varronianos phalaecium metrum gravioris est momenti. Cuius afferunt septem divisiones, velut Caes. Bass, p. 228. sqq. Ter. Maur. v. 2540.—2913. (cf. supra, ubi de dactylicis logaoedicis πρὸς ἓν egi), Aphthon. p. 148. sqq. Quarum quartā fiunt pherecrateus alter, tertius glyconeus asclepiadeus maior minorque, quinta ionicus a maiore versus; quae ad quamque congruent partem Hephaestionei libri, adiciam. Integrum vero phalaecium magistrum non secuti choriambice vel ut Aphthonii artis vocabulo utar ithyphallice percutiunt Varroniani. Distinguit autem Aphthon. p. 109. 10, p. 148 1 phalaecium metrum

      sulcos tunc retegunt comae latentes

,quod recipit spondeum choriambum diiambum et syllabam' --, -◡◡-, ◡-◡-, -

ab ithyphallico, eodem scilicet versu sed sic diviso

      --, -◡◡, -◡ -◡ -◡.

Ceterum ipse: quidam tamen, inquit, nullam volunt esse differentiam inter hos. cf. Aphthon. p. 115. 25; p. 156. 13. Eos qui ithyphallice versum dividunt, attuli ubi de logaoedis πρὸς ἓν egi. Ps. Censorini de versu doctrina extat p. 614. 17; p. 616. 18.

trimetrum acatalect. ---◡, ◡--◡, ◡-◡- (asclepiad. min.)

    ἦλθες ἐκ περάτων γᾶς, ἐλεφαντίναν, Heph.

schol. A. Heph. p. 187. 23—188. 3; Trich. p. 288. 6 et not.; [Ps.] Atil. p. 296., imprimis 1. 10. sqq.; [Caes. Bass.] p. 305., imprimis 1. 6. sqq. — Aphthonius Plotiusque Sac. in asclepiadeis dimetiendis Varronianam sequuntur doctrinam. Cuius primus testis est Caes. Bass. p. 259.

,triplici vides ut ortu' visum esse Varroni ionicum a mai. ◡◡|-◡-◡|
-◡; cadit hoc interpretatioue loci Terentiani supra prolata. Neque ,nonnulli' illi quorum mentionem facit Ter. Maur. v. 2868., dicunt versum esse ionicum a mai., sed *partem* ionici versus a mai. et ex sotadeo derivandam.

(cf. Ter. Maur. v. 2602. sqq., Aphthon. p. 149. 26—150. 31)
qui affert hanc tertiam phalaecii hendecasyllabi divisionem

‒ ‒ ‒ ∪ ∪ ‒ ∪ ‒ ‖ ∪ ‒ ‒

castae Pierides meae ‖ Camenae.
Detracto enim inquit Camenae fit anacreonteon metrum syllabarum octo, quod musici bacchicon vocant
grammatici choriambicon . . . . . . (glyconeum scilicet,
vide supra.) Quo ex anacreonteo derivat unius vel
duorum choriamborum incremento addito asclepiadea sic

‒ ‒, ‒ ∪ ∪ ‒, ‒ ∪ ∪ ‒, ∪ ‒

castae Pierides Pierides meae, huic simile
Maecenas atavis, edite regibus

> quem versum choriambice dimetiumtur [C. Bass.]
> p. 305. 4; Aphthon. p. 109. 2, p. 161. 5. 10.; 147. 4,
> 172. 2; Plot. Sac. p. 501. 23, p. 536. 3— p. 537. 1;
> [Ps.] Atil. p. 296., imprimis l. 16. sqq.; Diom.
> p. 519. 1; centim. p. 465. 13; Ps. Serv. p. 468. 17;
> Priscian. G. L. v. III. p. 459. K.; frg. bob. p.
> 629. 11. Aliam mensuram vide infra), — et

‒ ‒, ‒ ∪ ∪ ‒, ‒ ∪ ∪ ‒, ‒ ∪ ∪ ‒, ∪ ‒

castae Pierides Pierides Pierides meae
,quale est illud apud Horatium, quod et ipsum ab
Alcaeo sumpsit'
tu ne quaesieris, scire nefas, quem mihi, quem tibi

> Pariter dimetiuntur versum Aphthon. p. 167. 24;
> 172. 2; Plot. Sac. p. 537. 2. 10, 539. 4; [Ps.] Atil
> p. 296. 31, 302. 5; Diom. p. 522. 4 (qui quam
> parum sibi sit constans, apparet cl. p. 521. 12);
> centim. p. 465. 16; Ps. Serv. p. 470. 34; Victorin.
> p. 181. 7.

Porro ex anacreonteo octo syllabarum metro priapeum
derivatur a Varronianis, de quo vide infra.
Iterum de Hor. c. 1. 1. agit Caes. Bass. p. 268.,
ubi haec: sed qui altius, inquit, haec (scil. choriam-

bicum esse hunc versum) non perspexerunt grammatici, hoc putant metrum de curtato pentametro factum,
ut reddita syllaba fiat tale
Maecenas atavis edite remigibus,
itemque illum versum
solvitur acris hiems grata vice veris et favoni
non ex duobus metris compositum putant

$$-\smile\smile\ -\smile\smile\ -\overline{\smile\smile}\ -\smile\smile\ |\ -\smile\smile\smile\smile$$

sed hexametrum syllaba maiorem vocant

$$-\smile\smile,\ -\smile\smile,\ -\overline{\smile\smile},\ -\smile\smile,\ -\smile(-)\smile,\ -\smile.$$

Simili atque Caes. Bass. modo Ter. Maur. quoque
pugnat cum eis, qui tales versus rectā a dactylicis
deducere student, ubi loquitur de asclepiadeis a minore vv. 2650.—2655.; quos cum non habeant quomodo versus maiores, quibus tres sint choriambi, de-
rivent a pentametro, aperte errare dicit. Eorum vero
qui rem altius non perspexerunt, doctrinae haec extant
testimonia: [Caes. Bass.] p. 305.10; Aphthon. pp.
109.1, 147.6, 161.8; Plot. Sac. p. 537.4; [Ps.] Atil.
p. 296.2; Diom. p. 508.5-21; p. 518.32—519.6 36;
p. 521.12. M. Theod. p. 590.10; anonym. Mon. p. 81.
Chr. Longiores versus, quos dactylice scandi posse
negaverat Ter. Maur., dividunt ut dixi Diomedem
secutus pp. 15 sq.
Non secus atque Aphthonius duo genera phalaecii
attulit, choriambicum nempe et ithyphalicum, duo
sunt asclepia deorum genera si Plot. Sac. p. 536.23—
537.14 sequimur. Appellat enim versus

$$--,\ -\smile\smile-,\ -\smile\smile-,\ \smile\smile$$

et $--,\ -\smile\smile-,\ -\smile\smile-,\ -\smile\smile-,\ \smile\overline{\smile}$ choriambicos asclepiadeos,
sed $--,\ -\smile\smile,\ -,\ -\smile\smile,\ -\smile\overline{\smile}$
et $--,\ -\smile\smile,\ \smile,\ -\smile\smile,\ \smile,\ -\smile\smile$ choriambicos phalaecios.
Quae in re quin vel ipse vel is cuius exscripsit librum,
nomina pertubaverit, nullum est dubium, cum alterius
mensurae nomen choriambicae nequaquam possit esse

proprium. cf. perturbationem glyconeorum apud eundem. Rectius metra altera ratione divisa nuncupat
dactylica Mall. Theod., qui eandem profert atque
Plot. Sac. doctrinam, p. 590. 6. 13.

idem versus cum diiambo pro antispasto I°

‿‿‒‿, ‒‒‒‿, ‿‒‿‿

κόλπῳ σ' ἐδέξανθ' ἀγναὶ χάριτες Κρόνῳ, Heph.
cf. schol. Heph. A. p. 188. 4. Huius versus exemplum
apud Latinos non inveni.

trimetra hypercatal. sunt versus a Mall. Theod. p. 598. 5. 12.
allati, cf. Trich. p. 288. 11.

tetrametra brachycatal. afferunt Aphthon. p. 89. 6; [Ps.]
Atil. p. 288. 25; centim. p. 463. 24.

tetrametrum catal. ‒‒‒‿, ‿‒‒‿, ‿‒‒‿, ‿‒‿

κατθνάσκαι Κυθέρη' ἁβρὸς ῎Αδωνις· τί κε θεῖμεν; Heph.
cf. [Ps.] Atil. p. 288. 27; centim. p- 463. 26; schol. A.
Heph. p. 188. 10; Trich. p. 254. 11, p. 288. 15.

idem versus cum diiambo pro antispasto II° (priapeus)

‒‒‒‿, ‿‒‿‿, ‿‒‒‿, ‿‒‿

ἠρίστησα μὲν ἰτρίου λεπτοῦ μικρὸν ἀποκλάς, Heph.
Rem perturbavit Plot. Sac. p. 539. 10 qui antispasticum
tetrametrum catal. sapphicum priapeum fieri dicit
spondeo dactylo bacchio, sed ut secunda bacchii longa
fiat positione non sit natura et spondeo vel iambo
bacchio simili posteriori et spondeo

‒‒, ‒‿‿, ‒‒‿, ‿‒, ‒‒‿, ‒‒

istaec | composu'i metra | Sacer'dos opti|mă nunc.
Contra vera Hephaestionea doctrina extat apud Diom.
p. 505. 19 schol. A. Heph. p. 188. 15. Praeterea Aphthon. p. 89. 4 affert tetrametrum catal. quod habet
iambicam coniugationem, ut

    Flavo crine superbit et gaudet Aeacides iam

‒‒‒‿, ‿‒‒‿, ‒‿‒‿, ‿‒‿

ubi dubito an priapeum dixerit neque quidquam sit
corruptum Keilio haec coniciente: quod habet pri-

mam antispasticam, reliquas iambicas coniuga-
tiones, ut
   flavo crine superbit et iam gaudet Aeacides.
De trochaeo enim in secundi coli initio cf. Caes.
Bass. p. 260.84 et ipsum Aphthon. p. 88.8; quo a loco
dissentire si videbuntur, quae p. 88.22 dicit, memento
quam parum sibi ubique constans sit Aphthonius. —
Reliquis Latinis rei metricae scriptoribus et eis quoque qui alibi Hephaestionem sequuntur, Varroniana
priapei mensura probata est, ex qua (v. Caes. Bass.
p. 260.12, p. 268.1) in duo commata dividitur versus,
prius anacreonteon syllabarum octo metrum, choriambicum scilicet vel asclepiadeum, quod fit tertia hendecasyllabi phalaecii divisione, a nobis glyconeum nuncupatum, alterum anacreonteon septem syllabarum
deminuta superioris commatis parte, pherecrateum scil
alterum, sic

$--, -\smile\smile-, \smile\lx \| --, -\smile\smile-, \circ$ cf. centim. p. 465.28 cl. l. 7.
   cui non dictus Hylas puer ‖ et Latonia Delos.
Hoc autem versu, quem Vergilius non scripserit priapeum, sed hexametrum dactylicum sic

$-\overline{\smile\smile}, -\smile\smile, -\smile\smile, -\overline{\smile\smile}, -\smile\smile, -\circ$

optime et priapeum nasci ex dactylico hexametro dicit
Caesius Bassus demonstrari. Similia docent Ter. Maur.
v. 2741. sqq., qui versum hexametrum dactylicum dicit,
sed Caesii Bassi discipulum hic quoque se praebet
neque ita malum, ut contendit Westphal[2] I. p. 147.,
et Aphthon. p. 150.32 — p. 152.30 cl. pp. 119.1, 144.28,
165.3. Dactylica vero posterioribus temporibus, id
quod iam saepius vidimus, mensura magis magisque
increbuit. Veluti Plot. Sac p. 510.12 sic dividi iubet
versum

$--, -\smile\smile, -\smile\smile, --, -\smile\smile, --$

prorsus neglecta choriambica mensura; nam glyconeum
quoque et pherecrateum, quibus constare et ipse dicit

3

priapeum, dactylice ab eo scandi sic - ◡◡, -◡◡, -◡≈
et -◡◡, -◡◡, -◡ supra demonstravi. Item [Ps.] Atil.
pp. 297.29, 299.24 priapeum dicit dactylicum neque
dissentiunt ab eo Plot. Sac. pp. 510.12, 516.3, Vic-
torin. p. 215.6, aliam mensuram proferente Diom. p.
512.27, quam citare mea non interest.

idem versus cum diiambis pro antispp. I° et II°.

◡-◡-, ◡-◡-, ◡-◡-, ◡-◡

γλυκεῖα μᾶτερ, οὔ τοι δύναμαι κρέκην τὸν ἱστόν, Heph.
Hunc versum Aphthon. p. 130.24 fingit adiectione
syllabae ad tetrametrum ionicum a ma. brachycatal.
facta sic

-◡◡◡, --◡◡, -◡-◡, -◡

◡-◡-◡ --◡◡ -◡-◡ -◡

idem versus cum diiambo pro antispasto III°.

◡-◡◡, ◡-◡◡, ◡-◡-, ◡--

amorum comites sunt Venus et Cupido nobis, Aphthon.
p. 89.10.

Porro huc inseram iure versum, de quo Aphthon. p. 144.25
haec:
item, inquit, ex glyconio et iambico dimetro catal. (fit)

---◡, ◡-◡◡, ◡-◡-, ◡-≈

cantu continuit feros et impios gigantas.

tetrametrum acatal. ---◡, ◡--◡, ◡-◡◡, ◡--◡
Νύμφαις, ταῖς Διὸς ἐξ αἰγιόχω φασὶ τετυγμέναις, Heph.
cf. Aphthon. p. 172.7; Trich. p. 288.19—289.31 et not.

idem versus μονοειδής ◡-◡◡, ◡--◡, ◡--◡, ◡--≈
amor sidereus cor pepulit flammigero oestro, Aphthon.
p. 88.30; Plot. Sac. p. 538.25, qui Graecum inquit
exemplum non inveni, [Ps] Atil. p. 287.29. — Sed
versus quoque ὁμοιοειδοῦς qualem Hephaestio affert,
notam esse antispasticam mensuram Aphthonio et Dio-
medi apparet ex v. VI. p. 167.24 et vol. I. p. 505.16,
cf. Mar. Victor. 181.6. A reliquis Latinis rei me-

tricae scriptoribus versum choriambice scandi supra
exposui ubi de asclepiadeis egi.

Quocum asclepiadeo a quibusdam imperitis confundi
dicit Plot. Sac. p. 538. 28 hoc

tetrametrum acatal. mixtum, quod constet antispasto choriambo hippio quarto hippio tertio

◡‒‒◡, ‒◡◡‒, ‒‒‒◡, ‒‒‒◡.

Sacerdos do'cens bene vos | formav[it ad | artes bonas.

Sed ne ipse quidem Sacerdos docentem bene peri-
tumve se praebuit; nam quod ἐπιχοριαμβικὸν ἀπὸ ἀντισπαστικῆς τρίμετρον choriambis, hoc vero ἐπιχοριαμβικὸν
ἀπὸ ἀντισπαστικῆς τετράμετρον antispastis adscripsit,
eiusdem generis utrumque esse ut ignoret sequitur,
ἀντιπαθοῦς scilicet.

tetrametrum hypercatal. ‒‒‒◡, ◡‒‒◡, ◡‒‒◡, ◡‒◡‒, ⏓

τὸν στυγνὸν Μελανίππου φόνον αἱ πατροφόνον ἔριθοι,

Heph. (quem versum ex Varronianorum doctrina sic
scandi facile conicias ‒‒, ‒◡◡‒, ‒◡◡‒, ‒◡◡‒, ◡‒◡); cf.
Trich. p. 289. 5 et not., schol. A Heph. p. 189. 2, Mall.
Theod. p. 598. 11 qui etiam tetrametrum hypercatal.
purum affert l. 3:

rapit tela volans ecce gerens arma Trōiŭs hērŏs.

pentametrum acatal. ◡⏓‒‒, ◡‒‒◡, ◡‒‒◡, ◡‒‒◡, ◡‒◡⏑

Κρονίδα βασιλῆος γένος Αἴαν τὸν ἄριστον πέδ᾽ Ἀχιλλέα

Heph. cf. Aphthon. p. 88. 32, schol. A. Heph. p. 189. 9
(ἐξ ὁλοκλήρου τὸ Ἀχιλλέα, ἵνα γένηται ἀκατάληκτον),
Trich. p. 289. 13 et not.

hexametrum brachycatal. exstat apud Plot. Sac. p. 539. 20 hoc

‒‒‒◡, ‒‒◡◡, ‒‒‒◡, ‒‒◡◡, ‒‒◡◡, ‒◡

antispastus ¦ hos nunc pedes | conclusos re|gens tota
de'cem schemata | tradit.

ια'. περὶ ἀπὸ μείζονος ἰωνικοῦ.

Hi mihi afferendi erant versus, quod plerique recen-
tium doctorum virorum rati ionicos a maiore versus non scriptos
esse ab Alcaeo Sapphone Anacreonte scaenicis poetis, eos

choriambico generi attribuunt praemissa anacrusi. Neque
vero Varroniani, quos etiam de antispasticis rectius iudi-
care notum est, ionicos a maiore tractant nisi tetrametrum
brachycatalectum sotadeum. Sciens autem versus ab aliis
atque Hephaestione allatos qui choriambice nequaquam
possunt scandi, ne chartas implerem cumulandis exemplis,
omisi, velut monometrum Aphthonii ‚Phoebus comes.'
dimetrum brachycatal. ◡ – ◡ ◡, – –

ὡς-]περ ἄνδρα τύραννον Heliod. in

schol. equ. v. 1111.; cf. Aphthon. p. 90. 28, [Ps.] Atil.
p. 289. 5, centim. p. 464. 5, Trich. p. 291. 15.
hephthemimeres – – ◡ ◡, – ◡ –

ἅδ᾽ Ἄρτεμις ὤ κόραι, Heph.

schol. equ. v. 1111., pac. 856. schol. A. Heph. p.
191. 3; Trich. p. 291. 17.
dimetrum acatal. – – ◡ ◡, – – ◡◡

vel – ◡ – ◡, – – ◡◡

τίς τὴν ὑδρίην ὑμῶν

ἐψόφησ᾽; ἐγὼ πίνων, Heph.

ἐν ᾧ ait Hephaestio, οἱ μολοσσοὶ ἐπὶ τῶν ἀρτίων χωρῶν
ἐμπίπτουσι καὶ οἱ χορίαμβοι. Sed neque ipse exemplum
versus in quo choriambus esset loco ionici a ma.,
addit, neque quisquam aliorum talium mentionem facit
versuum; adde quod ne in sotadeo quidem plurimarum
sane formarum versu chroriambus admittitur pro ionico.
Quare dubito an non rectus sit textus Hephaestioneus,
consentiente Christio p. 491. Ceterum quod M. Theodor.
p. 599. 5 affert versum trimetrum hypercatal. hunc

– – ◡ ◡, – – ◡ ◡, – ◡ ◡ –, ◡

[– ◡ ◡, – ◡]

nihil hoc attinet ad Hephaestionis choriambum; nam
et est tertius pes non ἄρτιος, et proprius est choriambus iste Mallii Theodori, qui ipse finxit talem versum
quo in errore versatur de choriambicorum antispasticorum ionicorum versuum clausulis.

dimetrum catal. ὁμοιοειδές ----, ----
  hostem tegere est paratus, Plot. Sac. p. 540. 17,
  cf. [Ps.] Atil. p. 289. 8, M. Theod. p. 599. 17.
dimetrum hypercatal. ----, ----, -
  καὶ λάβρον ἐρύκοισα[ν] νεφῶν Trich. p. 292. 4.
trimetrum brachycatal. ----, ----, -s
  πλήρης μὲν ἐφαίνεϑ' ἁ σελάνα Heph.
  Aphthon. p. 92. 1, Trich. p. 292. 12, schol. A Heph.
  p. 191. 29—p. 192. 2.
idem versus cum epitrito IIIᵒ pro ionico, v. Plot. Sac.
  p. 540. 20
idem versus μονοειδής ----, ----, -
  non Idalio sic puer alto [Ps.] Atil. p. 289. 10,
  cf. Mall. Theod. p. 598. 21, centimetrum p. 464. 8, Trich.
  p. 292. 8.
trimetrum catal. ----, ----, ---
  ἐν δ' ἀμερίῳ φωτὶ φλέγοισάν με Trich. p. 292. 15.
trimetrum acatal. ----, ----, ----
  Κρῆσσαί νύ ποϑ' ὥδ' ἐμμελέως πόδεσσιν, Heph.
  πόας τέρεν ἄνϑος μαλακὸν μάτεισαι, Heph.
                ----, ----, -- --
  τριβώλετερ· οὐ γὰρ Ἀρκάδεσσι λώβα
  cf. Aphthon. p. 90. 30, schol. A. Heph. p. 192. 26; Trich.
  p. 292. 19, qui eundem versum affert μονοειδῆ ib. lin. 17.
trimetrum hypercatal. ----, ----, ----, -
  lex haec fuit olim puerorum Stephano, Aphthon. p. 90. 32,
  Trich. p. 292. 23 et cum fine dactylico apud Mall.
  Theod. p. 599. 5.
tetrametrum brachycatal. ----, ----, ----, --.
  Ἥρην ποτὲ φασὶν Δία τὸν τερπικέραυνον, Heph.
  cf. Aphthon. p. 52. 35, p. 90. Plot. Sac. p. 541. 18, qui
  quod tetrametrum catal. Sotadeum nominat, errat, ibid.
  lin 25—p. 542. 2; [Ps.] Atil. p. 289. 12, centim. p. 464. 10,
  schol. A Heph. p. 192. 3, Trich. p. 292. 26, quibus locis
  adde Varronianorum: Caes. Bass. p. 256. 1, p. 261. 12;

Ter. Maur. v. 2005.—2055., v. 2833.—2848.; Aphthon.
p. 128. sq., p. 144. 10, p. 153. 12; Diom. p. 510. 30; ex
Ennii Sota sumpsit exemplum Ps. Censor. p. 1613. 14.
idem versus cum ditrochaeis pro ionicis I° et II°
  fit secundum Aphthonium p. 130. 11 adiectione syllabae
  ad trimetrum choriambicum hypercatal.:

  ⏑–⏑–, –⏑⏑–, ⏑–⏑–, ⏔

  –⏑–⏑– –⏑⏑– ⏑–⏑– ⏔

tetrametrum catal. ⏓⏓–⏑⏑, –⏑–⏑, –⏑–⏑. –⏑–

  . mea Delia casta pulchra paene siderum decus, Aphthon.
  p. 91. 3.
idem versus trium vel quattuor ionicorum
  Plot. Sac. p. 541. 17, ubi προσῳδία vitiosa, et Trich.
  p. 254. 17

  ––⏑⏑, ––⏑⏑, ––⏑⏑, –⏔

  ἐν δ'ἀμερίῳ φωτὶ φλέγοισα ζέσιν ἠλίου.
tetrametrum acatal. ––⏑⏑, ––⏑⏑, ––⏑⏑, –⏑–⏔
  εὐμορφοτέρα Μνασιδίκα τὰς ἀπαλᾶς Γυρινῶς, Heph.
  cf. Heph. p. 37. 12, Plot. Sac. p. 541. 20, [Ps.] Atil.
  p. 289. 14, Mall. Theod. p. 599. 13, schol. A. Heph. p.
  192. 16, Trich. p. 293. 11; μονοειδῆ hunc versum scripsit
  Aphthon. p. 91. 1, hypercatal. exemplum cum fine dactylico finxit Mall. Theod. p. 599. 2. Adde denique
versum de quo agit Heph. p. 37. 12
  δέδυκε μὲν ἀ σελάνα καὶ πληίαδες· μέσαι δὲ
  νύκτες κτλ. et
pentametrum brachycatal. purum Aphthonii p. 91. 5. 16.
  Dictynna deum progenies aspice quis te chorus astris.
  Reliqua prototypa, ionicum scilicet a minore, paeoni-
cum, quibus alia addunt Latini grammatici velut proceleu-
maticum spondeadeum praeteream.

c. μέτρα κατ᾽ ἀντικάθειαν μικτά.

Cum choriambica ὁμοιοειδῆ constent his pedibus

‒⏑⏑‒ et ⏑‒⏑‒

ionica ὁμοινειδῆ his   ‒‒⏑⏑ } et ‒⏑⏑‒
                        ⏑⏑‒‒

eadem metra κατ᾽ ἀντικάθειαν μικτά vel

ἐπιχοριαμβικὰ constant his   ‒⏑⏑‒ et ‒⏑⏑‒

ἐπιωνικὰ   his   ⏑‒⏑‒ et { ‒‒⏑⏑
                                    ⏑⏑‒‒ [15])

Cuius rei definitionem Hephaestione non addente fusius de
ea egit Aphthon. p. 102., 1 12—32.   Sunt vero
ἐπιχοριαμβικὰ ἀπὸ τροχαϊκῆς
dimetrum catal. ‒⏑⏑‒, ‒⏑⏑‒

   Phoebe dulce sume merum, Aphthon. p. 145. 33
   cf. Plot. Sac. p. 534. 16. — Hoc collato versu versum
   una syllaba breviorem   ‒⏑ ‒⏑⏑, ‒⏑‒

         νῦν δέ μοι πρὸ τείχεων
Philoxeno visum esse heptasyllabum choriambicum, id
quod tradit [Ps.] Atil. p. 302. 20, non est tam dissi-
mile veri, confundentibus Latinis grammaticis epichoriambica cum choriambicis. Tamen nescio an Keilius
in ed. et Westphal. ² I. p. 226. rectius scripserint ‚heptasyllabum choriacum᾽ cl. Aphthon. p. 168. 20.
trimetrum catal. ‒⏑‒⏑, ‒⏑⏑‒, ‒⏑⏑

         ποικιλόθρον᾽ ἀθάνατ᾽ Ἀφροδίτα, Heph.
de quo fusius agit Heph. p. 44. 19—p. 45. 19. Eandem
divisionem proferunt Aphthon. p. 162. 25, p. 172. 4, Hor.
carm. 1. 1. v. 1. proponens
         iam satis terᵢris nivis atᵢque dirae,
Plot. Sac. p. 535. 9 [Ps.] Atil. p. 297. 5, Diom. p. 521. 17,
frgt. bob. II. p. 629. 21; de [Caes. Bass.] et alio Diomedis loco v. infra,᾽ ubi de tetram. catal. agam.
Contra Varroniani versum aut derivant a tetrametro

---

[15]) cf. Westphal. I ² p. 81.

trochaico catal. et a trimetro iambico sic

iam satis terris | magisque genibus haerebo tuis

        nivis atque dirae | genibus haerebo tuis

velut Caes. Bass. p. 267. 2, cl. p. 271. 18 et [Ps.] Atil.
p. 294. 1; Aphthon. p. 162. 8. [Ps.] Atil. p. 297. 2, Diom.
p. 508. 24; — aut a hendecasyllabo phalaecio uno ex
eius tribus trochaeis in initio versus posito sic

  – –,   – ◡ ◡,   – ◡⌒◡ ◡

cursorem tibi vendo Rufe servum

  ⌒◡ – –,   – ◡ ◡,   – ◡,   – ◡

Rufe cursorem tibi vendo servum

velut Aphthon. p. 155. – 157., [Ps.] Atil. p. 297. 9;
Quam ob rem dicunt feriri versum trochaeo et spondio
et dactylo et duobus trochaeis sive trochaeo et spondio
Mall. Theod. p. 591. 8 (cf. Aphthon. p. 162. 23), centim.
p. 466. 2, Ps. Serv. p. 468. 21, Beda p. 255.

His locis facile quomodo ceteri epichoriambici versus,
de quibus quid Varroiani indicaverint nescimus, sint ex
eorum doctrina feriendi colligas.

Ceterum tribus hendecasyllabis sapphicis praemissis
clausulam addi dicit Heph. p. 44. 20 versiculum πεντασύλλα-
βον χοριαμβικὸν πενθημιμερὲς συνεμπλπτον δακτύλῳ τῷ εἰς
δεύτερον τροχαῖον, οἷόν ἐστι τὸ

        πότνια θυμόν.

Pariter atque Hephaestio utramque ponunt mensuram
Aphthon. p. 73. 4, p. 86. 22; [Ps.] Atil. p. 285. 2 cl. p. 288. 7;
p. 297. 16, cum illam praetereant silentio Caes. Bass. p.
267. 12, Aphthon. pp. 74. 25, 116. 2, 161. 26, 167. 17, Plot.
Sac. p. 516. 22, Diomed. pp. 506. 21, 511. 25, 512. 11. 516. 4,
Mall Theod. p. 591. 12, centim. p. 460. 14, frgt. bob. II. p.
629. 21, Ps. Serv. p. 468. 23.

[trimetrum acatal. cum epitritis III.^{ns} in sedibus I.^a et II.^a
adde potius p. 20. huius dissertationis.

    κοὐκ ἐσθ᾽ ὅπως οὐ τήμερόν τι λήψεται nubb. 1307.

    ⌒ – ◡ ◡ ⌒ – ◡ – ◡ – ◡ –.

Videtur scholiastae esse χοριαμβικὸν ἐξ ἐπιτρίτων τρίμετρον καταληκτικόν (lege ἀκατάληκτον; dicit enim
choriambos

-◡◡-, -◡◡-, ◡--◡-)]

Huc inserendi sunt versus quos affert Aphthonius
pp. 144.– 146. quamvis in parte Varroniana neque adscripto
epichoriambicorum nomine quod omnino non invenitur in
Latinis de re metrica conscriptis libris:
tetrametrum brachycatal.

-◡◡-, ◡-◡-, -◡-◡, -◡

Lydia dic precor mihi cur tacere nolis p. 144. 21.
tetrametra catal.

-◡◡-, ◡-◡-, -◡-◡, -◡-

Lydia dic precor mihi unde dona quae geris p. 144. 10,
p. 146. 10

-◡◡-, -◡◡-, -◡-◡, -◡◡

Lydia dic quid retices cur venire perneges p. 144. 28

-◡-◡, -◡-◡, -◡◡-, ◡-◡

Juppiter beatus ille Lydia dic per omnes p. 145. 30
adde p. 104. 2: ,sunt item quae primam trochaicam,
secundam choriambicam, tertiam trochaicam, sed et
quartam syllaba breviorem coningationem habeant,
quorum exempla pherumque apud comicos in Diphili
et Menandri comoediis reperiuntur'. Dicit Aphthonius
Eupolideum συναρτητικὸν, quod Hephaestioni quoque
fuisse notum colligere licet ex p. 59., l. 1—6. cl. p. 36.,
hunc scil. versum -◡-◡, -◡◡-, -◡-◡, -◡-. Cum Mall.
Theod. quoque p. 336. 10. Hephaestioneam doctrinam
exhibeat, Aphthonius p. 144. 6, p. 145. 35. Varronianorum mensuram secutus docet versum esse tetrametrum trochaicum catal. quartum iambum habentem.
Tetrametris Aphthonius, si quae esset versuum epichoriambicorum vis et natura intellexisset, dubito an
additurus versum Horatii fuerit

-◡-◡, -◡◡-, -◡◡-, ◡-◡

te deos oro Sybarin cur properas amando,
de quo quid veteres senserint vide locis quos pp. 14. et 22.
attuli inspectis. Nec tunc habuisset Aphthonius cur vitiosum
epitritum vituperaret, qui aeque atque in tetrametro admittitur in trimetro

$$-\smallsmile-\supset, \; ---\smile-,$$

iam satis terris nivis atque dirae.
Sed hic quoque epitritus reprehenditur ab [Caes. Bass.]
p. 305. 17, qui quomodo nascatur pes parum perspiciat et
pro puro choriambo, non pro dipodia trochaica positum
eum esse arbitretur sic feriens versum

$$L\smallsmile\supset L, \; -\smile\smile- \; (-\smile\smile-) \; \smile-\smile.$$

Pariter Diomedes p. 521. 6 versum

Mercuri facunde nepos Atlantis

dicit constare duobus choriambis et bacchio, cui loco Keil
qui mutatione abstinuit, quin melius consuluerit quam
Gaisford dubium non est. — Augustinus p. 813. dimetitur
versum cretico silentio unius temporis ionico a mai. epitrito II°.

$$-\smile- \wedge \mid ---\smile \mid -\smile--.$$

ἐπιχοριαμβικὰ ἀπὸ ἀντισπαστικῆς

$$\smile---\smile, \; ---\smile, \; \smile-\times$$

ὁ Μουσαγέτας με καλεῖ χορεῦσαι Heph.
cf. Plot. Sac. p. 535. 4, qui graecum exemplum inquit
non inveni, et adde versum ab eodem p. 538. 21, pro-
positum quem p. 35. exscripsi.

ἐπιωνικὰ ἀπὸ μείζονος.

trimetrum catalecticum

$$\supset-\smile-, \; \times-\smile\smile, \; ---$$

ὦ 'ναξ Ἄπολλον παῖ μεγάλω Διός, Heph.
cf. Diom. p. 520. 29, Plot. Sac. p. 541. 2 qui proponunt
versum

vides ut alta stet nive candidum,

cuius mensuram Varronianam exhibet Caes. Bass.

p. 268. 15 qui prius inquit comma esse trimetri iam-
bici partem

vides ut alta | genibus haerebo tuis,

posterius pentametri heroi hemistichium

| stet nive candid(ul)um

$- \cup \cup, \ - \cup (\cup), \ -$

cf. Aphthon. p. 166. 12, p. 172. 20, [Caes. Bass.]
p. 306. 15, Diom. p. 521. 1, Mall. Theod. p. 591. 2,
frgt. bob. II. p. 629. 17, centim. p. 466. 17, Ps.
Serv. p. 470. 13;

posse vero addit Caesius videri alterum comma partem
versus choriambici, dimetrum brachycatal. scilicet,sic
Maecenas atavis | stet nive candidum;

cf. [Ps.] Atil. p. 301. 16, Diom. p. 509. 32 [16])

trimetrum acat. $\cup - \cup -, \ - - \cup \cup, \ - \cup - \cup$

ἰόπλοχ᾽ ἁγνὰ μελλιχόμειδε Σάπφοι. Heph.

tetrametrum catal. $\cup - \cup -, \ - - \cup \cup, \ - \cup - \cup, \ - \cup \cup$

τοιοῦτος εἰς Θήβας παῖς ἁρμάτεσσ᾽ ὀχήμενος. Heph.

ἐπιωνικὰ ἀπ᾽ ἐλάσσονος.

trimetrum acatal. $\cup - \cup -, \ \cup \cup - -, \ \cup \cup - \cup$

περισσόν · αἵ γὰρ Ἀπόλλων ὁ Λύκηος. Heph.

trimetrum acatal. anaclomenon $\cup - \cup -, \ \cup \cup - \cup, \ - - - \cup$

ἔχει μὲν Ἀνδρομέδα καλὰν ἀμοιβάν. Heph.

tetrametrum catal. $\cup - \cup -, \ \cup \cup - \cup, \ \cup - \cup -, \ \cup \cup -$

fuisse Hephaestioni notum apparet ex p. 58. 17.

---

[16]) Diomedis loco qui est p. 521. 31 ne ego quidem mederi ansim.
Tamen hic choriambicae mensurae mentionem fieri, id quod Italis
placuit, qui scribi iubebant

hippius tertius, *semipes*, choriambus, *iambus*

o matre pulchra filia pulchrior

eam ob rem non negem, quod, qua est inconstantia,' Diom. p. 521. 12
et p. 522. 4 quoque diversissimam eiusdem versus profert mensuram.
Sane ex Italorum coniectura ‚bacchius‘ quam vocem exhibent codd.
mss., delenda est; sed neque Keiliana neque, credo, alia accepta po-
terit haec vox retineri in textu.

II. Μέτρα ἀσυνάρτητα, metra inconexa.

i. e. metra, quorum in versibus insunt pedes catalectici non in fine sed in mediis versibus positi.[17)']

a. ἐπισύνδετοι.

i. e. versus, quorum in colo altero insunt pedes τρί-
σημοι in altero τετράσημοι.[18])

α. ◡-, ‾‾◡-, ‾‾◡-, ◡ | -◡-◡-◡

Ἐρασμονίδη Χαρίλαε, χρῆμά τοι γελοῖον,

quo in metro ut ait Heph. p. 48., ei qui post Archi-
lochum fuerunt neque caesuram servabant, καὶ μέντοι καὶ
τοὺς σπονδείους παρῃτήσαντο τοὺς ἐν τῷ μέσῳ, ... οὐχ ὡς
ἀναπαιστικὸν ἡγούμενοι, ἀλλὰ πσοςοδιακὸν τὸ ἐξ ἰωνικῆς καὶ
χοριαμβικῆς τῆς ἰωνικῆς καὶ βραχεῖαν τὴν πρώτην δεχομένης,

-◡◡, -◡◡-, ◡-◡-, ◡-◡

Adde schol. A. Heph. p. 202. l. 26. τί δὲ προςοδιακὸν ....
συνέστηκε ... ἐξ ἰωνικοῦ τοῦ ἀπὸ μείζονος καὶ χοριαμβικοῦ,
exemplum prosodiaci Hephaestioneum:

αὐτά δέ σὺ Καλλιόπα,

maioris versus, quod affert schol. A. Heph. p. 203. 19:

ὦ δέσποτα, καὶ τάδε νῦν ἄκουσον ἃ 'ν λέγω σοι (Eupol.
πόλεσιν) de quo ἰστέον δὲ ὅτι τὸ προςοδιακὸν δέχεται ἰωνικὸν
ἀπὸ μείζονος ἢ παίωνα δεύτερον ἢ μολοττὸν καὶ χορίαμβον
schol., versum ab Aphthon. p. 146. 18 laudatum

-◡◡, -◡◡-, -◡◡-, ◡-

dic nunc age Clio mihi Pegaseum melos.

Ceteris ab Hephaestione allatis versibus episynthetis licet
supersedere exscribendis.

b. μονοειδές.

c. ἀντικαθτ̄.

ιβ.' Ἀνακρέων ait Heph. p. 55. 4 δὲ οὐκ ἰαμβικῷ ἀλλὰ
ἐπιμίκτῳ πρὸς τὰς ἰαμβικὰς ἐπήγαγε τὸ ἰθυφαλλικὸν

---

[17]) Westphal. ²I p. 181.
[18]) Westphal. l. l. p. 182.

‑‑‑‑, ‑‑‑‑ | ‑‑ ‑‑ ‑‑

τὸν μυροποιὸν ἠρόμην Στράττιν εἰ κομήσει ‧

ubi ll. mss. λυροποιόν. cf. schol. A. Heph. p. 210. l. 3.—5. ιγ΄. ibid. l. 8. sqq. τὸ καλούμενον Κρατίνειον .... ἔστι γὰρ ἐκ χοριάμβου ἐπιμίκτου, τοῦ τὴν δευτέραν ἰαμβικὴν ἔχοντος, καὶ τροχαϊκοῦ ἐφθημιμεροῖς.

‑‑‑‑, ‑‑‑‑ | ‑‑‑‑‑‑‑

εὔϊε κισσοχαῖτ᾿ ἄναξ, χαῖρ᾿, ἔφασκ᾿ Ἐκφαντίδης,
.... Εὔπολις δὲ ἐν τοῖς Ἀστρατεύτοις .... πῆ μὲν ...
τοιαῦτα ποιεῖ .... πῆ δὲ τοιαῦτα

‑‑‑‑, ‑‑‑‑ | ‑‑‑‑, ‑‑‑

καὶ ξυνεγινόμην ἀεὶ τοῖς ἀγαθοῖς φάγροισιν,
ὥςτε ὅλον αὐτὸ χοριαμβικὸν ἐπίμικτον γενέσθαι, ὅμοιον Ἀνα-
κρεοντείῳ τῷδε
Σίμαλον εἶδον ἐν χορῷ πηκτίδ᾿ ἔχοντα καλήν.
cf. schol. A. Heph. p. 211. 17

d. **μονοειδῆ καὶ ὁμοιοειδῆ.**

ιδ΄. τὸ ἐκ ἀντισπαστικῶν ... καταλ. δίμετρον δικατάληκτον,
ὁ Φερεκράτης ἐνώσας σύμπυκτον ἀνάπαιστον καλεῖ, ἐν τῇ
Κοριαννοῖ
ἄνδρες πρόσχετε τὸν νοῦν ἐξευρήματι καινῷ
συμπύκτοις ἀναπαίστοις.
cf. p. 23. et schol. A. Heph. p. 210. 21—p. 211. 11.

ιζ΄. καὶ τὸ ἐκ χοριαμβικῶν ἐφθημιμερῶν τῶν εἰς τὴν ἰαμβικὴν κατακλεῖδα ἡ <Σαπφὼ ἐνώσασα>
ὄλβιε γαμβρέ, σοὶ μὲν δὴ γάμος ὡς ἄραο. cf. p. 18.

Μέτρα πολυσχημάτιστα.

Recte de his Plot. Sac. p. 545. 16 Asynarteta metra,
i. e. inconvenientia (dicit re vera polyschematista) fiunt
modis duobus, aut cum pes non suo loco ponitur (sed
ὑπερτίθεται; exemplum vide schol. Heph. p. 212. 24); ac si
quis in iambico metro spondeum pedem secundo vel quarto
loco ponat (et in trochaico [primo et] tertio).[19]

---

[19] cf. Westphal. [2] I. p. 183. Schol. A. Heph., qui quae dixerit

a. Priapeum metrum antispasticum, cui est diiambus pro antispasto secundo ex Hephaestionis sententia, καὶ χοριαμβικῇ potest χρῆσθαι τῇ δευτέρᾳ

‒˘‒˘, ˘‒˘‒, ‒˘‒˘, ˘‒˘
‒˘˘‒

> οὐ βέβηλος, ᾧ τελεταὶ τοῦ νέου Διονύσου,

cf. schol. A. Heph. p. 212. 24 ὑπερτιθεμένον γὰρ τοῦ τῆς μακρᾶς χρόνου ἐν τῷ ἰαμβικῷ γίνεται χορίαμβος. Non igitur ex. gr. loco choriambi diiambus ponitur, sed syllabae iambi commutantur. Porro Hephaestio: καὶ τὸν ἀντίσπαστον ἔσθ' ὅτε . . . . εἰς σπονδεῖον περαιοῦσιν

‒˘˘‒, ‒˘˘‒, ‒˘˘‒, ˘‒‒

> κἀγὼ δ' ἐξ εὐεργεσίης ὠργιασμένος ἥκω.

de qua re schol. p. 132. 8 πάλιν οὖν μακρὰ γενομένη ἡ τελευταία καὶ σπονδείῳ τὸ τελέσασα σχῆμα τὸ πολυσχημάτιστον ποιεῖ. cf. p. 214. 15.

b. forma glyconei versus (dimetri antispastici acatal. ὁμοιοειδοῦς)

> καλὰ γεροιὰ εἰσομένα

˘˘˘‒˘, ‒˘‒˘

de quo versu schol. p. 213. 21 ὁ πρῶτος λέλυται εἰς τρίβραχυν, ... εἶτα εἰσομένα ὑπερτόθεμένης [sic quin recte emendatum sit ὕπερθεν, quod exhibent libb., coll. p. 212. 24 dubitari nequit] τῆς ἐν τῷ ἰαμβικῷ μακρᾶς εἰς τὸ χοριαμβικὸν σχῆμα · διὸ γέγονε πολυσχημάτιστον. Porro

> δούρατος ὥστ' ἐφ' ἵππω

‒˘‒‒, ˘‒‒

de quo schol. p. 214. 29 ὁ γὰρ πρῶτος ἀντίσπαστος ἄνω στρέψας τὸν τελευταῖον τροχαῖον, πεποίηκε καθαρὸν χορίαμβον (primus enim antispasti pes non semper iambus debet esse, sed est unus ex disyllabis) τοῦ πρώτου ὄντος τροχαίου.

---

singulis locis adscribam, verbis videmus, ὑπέρθεσιν illam esse sylla-barum pedis disyllabi commutationem, non tetrasyllabi, velut

˘‒
‒˘

προφανὴς Γλούκου δέ τις ᾄδων

⏑⏑–, –⏑⏑–, –

schol.: ἀντίσπαστος καὶ χορίαμβος καὶ συλλαβή.

c. Tertium metrum enumerat τὸ κωμικὸν τὸ καλούμενον ἐπιωνικὸν Hephaestio, quod πολυσχημάτιστον est propter τὴν ἀταξίαν τὴν τοὺς σπονδείους ἐπὶ ἀρτίους χώρας ἔχουσαν τῶν ἰαμβικῶν συζυγιῶν

––––, ⏑⏑––, ⏑–⏑–, ⏑⏑–

ὦ καλλίστη πόλι πασῶν ὅσας Κλέων ἐφορᾷ.

Cuius metri mensura Hephaestionea afferenda mihi est visa, quod ab eo choriambici divisum esse versum suspicatus sit quispiam vel potius epichoriambice:

–⏕–, –⏑⏑–, –⏑⏑–, –⏑⏑–

d. Eupolideum epichoriambicum polyschematistum est ἐν ᾧ τὰς τροχαϊκὰς παρὰ τίξιν ποιοῦσι δέχεσθαι τὸν σπονδεῖον · ἐνίοτε δὲ καὶ ἀντισπαστικὸν καθαρὸν ποιοῦσιν, οἷον

––––, –⏑⏑–, –⏑⏑–, –⏑×

εἰ φράνας ἡμᾶς ἀπόπεμπ᾽ οἴκαδ᾽ ἄλλον ἄλλοσε.

⏑–⏑⏑, –⏑⏑–, –⏑⏑–, –⏑–

ὁ σώφρων τε χὠ καταπύγων ἄριστ᾽ ἠκουσάτην.

e. Cratineum ἀσυνάρτητον ἐκ χοριαμβικοῦ καὶ τροχαϊκοῦ πολυσχημάτιστον esse dicit Hephaestio in Eupolidis Astrateuton parabasi. Fusius de re egerunt ipse p. 55. 15 et schol. p. 215., qui in puro Cratineo inesse choriambicam iambicam trochaicam syzygiam et clausulam trochaicam docet; in polyschematistis in iambicis et trochaicis παρὰ τάξιν spondeum poni, velut

–⏑⏑–, ⏑–⏕–, –⏕–, –⏑×

ἄνδρες ἑταῖροι, δεῦρ᾽ ἤδη, τὴν γνώμην προ[ς]ίσχετε, ἢ δευτέρα ἰαμβικὴ οἶσα ἐν τῇ ἀρτίῳ ἔχει τὸν σπονδεῖον . . . ., ἡ τρίτη τροχαϊκὴ οὖσα ἐν τῇ περιττῇ ἴχει τὸν σπονδεῖον᾽. cf. p. 215. 23.

Videmus igitur, ut summam huius capitis addam, logaoedicos versus non esse e doctrina veterum nisi dactylice πρὸς δύο τρισὶ τέτταρσι anapaesticaque; πρὸς ἑνὶ quae

occurrunt, non ea esse quae nos dicimus logaoedica; choriambica μονοειδῆ, quae constant puris choriambis, a monometro produci usque ad heptametrum; esse choriambica
cum basi perversā posteriorum temporum doctrina antispastice divisa, inde a monometro hypercatalecto usque
ad pentametrum brachycatalectum; ionica a maiore non
placuisse Varronianis nisi in Sotadeo, compluria Hephae-
stioneis probata esse; epichoriambica esse, in quibus cum
choriambicis pedibus coniunctae sunt dipodiae trochaicae;
nonnulla asynartetōn in choriambicis esse numeranda; denique polyschematista fieri metra choriambica passa hyper-
thesin vel epitritos loco diiamborum vel ditrochaeorum.

Finem faciam huic capiti cum moneam *formas* versuum fere non esse fictas a grammaticis; nam velut Trichae
formae non commemoratae ab ullo alio grammatico saepius reperiuntur apud Aristophanem, Heliodori sane si
colometriam sequimur; contra *exempla* versuum saepissime
excogitata esse a grammaticis ipsis; qua in re laudandus
Hephaestio, qui semper revocet ad poetarum versus.

Caput II.

Qui versus sint choriambici ex huius aetatis vv. dd. sententia.

Sequantur iam recentiorum de versibus choriambicis hisque cognatis sententiae. Ad quas revocaremne, cum singulatim quid de quaque versuum forma viri docti sentirent, adscriberem, an in unum caput complecterer totam enarrationem cum diutius haesissem, postremo hoc facere e re est visum his de causis. Non solum molestissimum fuit in tertio capite iterum atque iterum incipiente de alia re dissertatiuncula, singulorum exponere sententias; sed etiam hoc modo si rem egissem, quid in universum de logaoedicis choriambicis ionicis discernendis versibus iudicarent viri docti, non sat liquisset re discerpta et dispersa; contra contexte ea enarrata cum uniuscuiusque systema fit perspicuum *tum quomodo inde ab initio saeculi provinciā ut ita dicam choriamborum magis magisque comminuta creverit logaoedicorum, apparet.* Historiam autem studiorum metricorum si conspicimus et quomodo universa ratio sit mutata, magis manifesta fit veritas, cum quae de *singulis* versibus aliter atque veteres iudicant recentiores, pendeant ex cognitione metrorum *generali*, qua exposita quasi αὐτόματοι diluuntur et solvuntur falsae de choriambis sententiae. Inde factum, ut plerumque liceret omittere refutationes longas. Et falsa igitur atque ea posterioribus temporibus refutata, et recta a viris doctis proposita enarrabo, illa, ne infra impediamur controversiis futilibus,

4

haec, ut quasi fundamentum parem tertio capiti. *Recte vero inventa quae mihi videbuntur, notabit typotheta litteris cursivis.*

J. H. Voss

in libro quem inscripsit Zeitmessung der deutschen Sprache publici iuris facti Regiomonti a. 1802., saepius Graecorum laudat versus quibus illustret vim atque indolem metrorum. Dignus vero cuius hic fiat mentio est eam ob rem, quod *primus*, si quid video, *in choriambo latere dactylicam dipodiam intellexit.* Praeterea ex eis, quae dicit, haec scire nostra interest. p. 199. censet versus dimetros atacal. choriambicos, quibus sit epitritus II. loco primi choriambi, apud Pindarum inveniri, hos scil. $- \smile \, \overline{\smile} \, -, \, - \smile \smile -$. Contra quem versum veteres tetrametrum choriambicum catal. cum epitrito II. loco primi choriambi vel ditrochaei posito censuerant

$$- \smile \smile -, \, - \smile \smile -, \, - \smile \smile -, \, \smile - \smile$$

te deos oro Sybarin cur properas amando,

eum Voss p. 199. fictum esse putat praemisso cretico pede versui trimetro choriambico catalectico cum basi, qualis est

Κρῆσσαί νύ ποθ᾽ ὧδ᾽ ἐμμελέως πόδεσσιν

$$\bullet, \, - \smile \smile -, \, - \smile \smile -, \, \smile - \smile :$$
$$- \smile - |\bullet, \, - \smile \smile -, \, - \smile \smile -, \, \smile - \smile$$

Immerhin | sei, taub der Musik, Schulenbarbar und Weltmann.

Illud Κρῆσσαί νύ ποθ᾽ κτλ. enim *ionicum versum a maiore negat esse* nixus eis idem genus versibus, qui a brevi incipiant syllaba, velut

πόας τέρεν ἄνθος μαλακὸν ματεῦσαι,

qua re primam syllabam anacrusin esse habendam fiat apertum. — Tamen cur pugnet cum Hephaestione, e cuius doctrina versum te deos cett. in epichoriambicis versibus potius numerandum esse supra demonstravi, causam esse versimilius est quod hanc Hephaestionis doctrinam non novit quam quod argumenta, quibus eum vinceret, habuit, cum Westphalii demum opera haec doctrina quae est de

epichoriambicis et epionicis, facta sit perspicua. — Porro
Voss in choriambicis numerat similiter atque illud Κρῆσσαί
νύ ποθ' κτλ. versum et ipsum ab Hephaestione ionicum a
maiore nuncupatum

δέδυκε μὲν ἀ σελάνα καὶ πληΐαδες · μέσαι δὲ

᷃᷃᷃— ᴗ ᴗ, — ᴗ — ᷃, — — ᴗ ᴗ, — ᴗ — ᴗ,

quem constare censet binis versus

ἀναπέτομαι δὴ πρὸς ῎Ολυμπον πτερύγεσσι κούφαις

— ᴗ ᴗ —, ᴗ — —

novissimis pedibus bis repetitis addita utrique parti anacrusi·

•|— ᴗ ᴗ —, ᴗ — ᴗ ‖ •|— ᴗ ᴗ —, ᴗ — ᷃.

Versus vero

κατθνάσκει Κυθέρη' ἁβρὸς ῎Αδωνις · τί κε θεῖμεν;

neque antispastici ei videtur esse numeri neque choriambici, immo ionici a minore admisso molosso pro ionico primo

— — — —, ᴗ ᴗ — —, ᴗ ᴗ — —, ᴗ ᴗ — —

cuius molossi affert exemplum Διονύσου σαῦλαι Βασσαρίδες.
Neque consentit cum Hephaestione in asclepiadeo minore
versu dimetiendo, quem choriambicum esse mavult quam
antispasticum, quod complures in uno versu non inesse anti-
spastos persuasum habet; de qua re liceat eius ipsius verbis
uti: Es scheint inquit die Regel der griechischen Rhythmik
zu sein, dass die widerstrebende Stockung des Antispasten,
die gleich einer Dissonanz in der Musik unruhig erregt,
sich bald in freiere Bewegung auflösen muss. — His si
addidero Vossium in versiculi brevioris — ᴗ — ᴗ, utrum
dactylicus esset — ᴗ ᴗ, — — an choriambicus — ᴗ ᴗ —, ᷃ diiudi-
canda quaestione nixum esse potissimum incisione, omnia
a me allata esse credo quae huc pertinent. Obiter tamen
commemoro, ne credas ea quae ipsum Vossium indagavisse
dici, deprompta esse ex Hermanni libro, quem primum
scripsit ‚Handbuch der Metrik' a. 1799., huic fere alia visa
esse de his metris. Vossium sequatur

Th. Gaisford

qui rei metricae operam navavit cum ederet Hephaestionis

4*

enchiridion Terentiani Mauri de syllabis et metris Procli chrestomathiam grammaticam. Cuius libri utor secunda editione anni 1855. Ante vero Boeckhium Hermannumque eius mentionem facere malui, quod Hephaéstionis, cuius verba explicare studet collatis et aliorum grammaticorum locis et ipsis poetarum versibus, fere ubique iam se praebet credulum discipulum. Nam rhythmica studia, quibus postea clarissima ut Hermanni verbis utar, accensa est lux rei metricae, plane neglexit. Commemorat vere choriambici dimetri catal. praeter

$-\smile\smile-, \ -\smile\smile-$ has formas

$$-\smile\smile-, \ \smile-\smile- \quad | \quad \varsigma-\smile-, \ \smile-\smile-$$
$$\smile-\smile-, \ -\smile\smile- \quad | \quad -\smile\smile-, \ \smile--\simeq$$

dimetri catal. hanc $\simeq\smile\smile\simeq, \ \smile--$.

Versus quibus finiri solent strophae, aut vult esse choriambicos catal. velut

$\chi\varepsilon\varrho\sigma\grave{\imath}\nu \ \dot{o}\mu o\sigma\pi\dot{o}\varrho o\iota\sigma\iota\nu$ $-\smile\smile-, \ \smile-\varsigma$

aut logaoedicos velut

$\dot{A}\tau\varrho\varepsilon\acute{\iota}]\delta\alpha\iota\varsigma \ \dot{\alpha}\chi\dot{o}\varrho\varepsilon\upsilon\tau\alpha \ \varphi\acute{\varepsilon}\varrho o\upsilon\sigma' \ \dot{o}\nu\varepsilon\acute{\iota}\delta\eta$ $-\smile\smile, \ -\smile\smile, \ -\smile, \ -\varsigma$.

Sequuntur dimetrorum trimetrorum tetrametrorum formae variae admisso diiambo. Dochmios et pherecrateos censet antispastici numeri esse, glyconeum choriambici, versum enneasyllabum Sapphicum

$\varkappa\alpha\grave{\imath} \ \varkappa\nu\acute{\iota}\sigma\sigma\eta \ \tau\iota\nu\grave{\alpha} \ \vartheta\upsilon\mu\acute{\eta}\sigma\alpha\varsigma$

sat habet annotasse ab Hermanno logaoedicum cum basi censeri, cum expressis verbis comprobet logaoedicum phalaecii mensuram ab Hermanno propositam. Tamen versus

$\tau\acute{\iota}\lambda\lambda\varepsilon\iota \ \tau o\grave{\upsilon}\varsigma \ \varkappa\upsilon\acute{\alpha}\mu o\upsilon\varsigma \ \dot{\alpha}\sigma\pi\iota\delta\iota\acute{\omega}\tau\eta\varsigma$

mensuram antispasticam in secunda quoque editione retinuit pariter atque asclepiadei et priapei. Quae afferre singula taedet. Rem enim non prorsus perspiciens Gaisford modo assentitur Hephaestioni, modo recipit Hermanniana, nulla re nova quam ipse invenit, in medium proposita, ita ut non sit ullius pretii liber nisi exemplis sedulo congestis.

Unum fortasse memorabile, quod glyconeum censet constare antispasto et choriambo

◡ – – ◡ | – ◡ ◡ – |

hasque recipere formas

◡ ◡ ◡ –	– ◡ ◡ –	◡ ◡ ◡ –	– ◡ ◡ –	– ◡ ◡ ◡ ◡	– ◡ ◡ –
◡ – – ◡	– ◡ ◡ –	– – – ◡	– ◡ ◡ –	– ◡ ◡ ◡ –	– ◡ ◡ –
◡ ◡ ◡ ◡ ◡ ◡	– ◡ ◡ –	◡ – – –	– ◡ ◡ ◡	– ◡ ◡ – –	– ◡ ◡ –
◡ – ◡ –	– ◡ ◡ –	◡ ◡ – –	– – ◡ –	◡ ◡ – ◡ ◡	– ◡ ◡ –
– – ◡ –	– ◡ ◡ –	– – – –	– ◡ ◡ –	– ◡ – –	– ◡ ◡ ◡
– ◡ – ◡	– ◡ ◡ –	◡ ◡ – – ◡	– ◡ ◡ –	◡ ◡ – ◡ –	– ◡ ◡ –

Hac in re non erravit, siquidem ultimis quattuor syllabis fit choriambus, de qua re vide infra. *Ultimam formam vidit frequentatam esse in scoliorum versu tertio;* quam sequi versum ex binis dactylis creticisque sive ex binis choriambis iambisque compositum velut

Παλλὰς Τριτογένει᾽ ἄνασσ᾽ Ἀθηνᾶ
ὄρθου τήνδε πόλιν τε καὶ πολίτας
  ἄτερ ἀλγεων καὶ στάσεων (divide ◡◡ | – ◡ – ◡◡ – ◡◡ –)

καὶ θανάτων ἀώρων σύ τε καὶ πατήρ. { – ◡ ◡ , – ◡ – , – ◡ ◡ , – ◡ –
 – ◡ ◡ – , ◡ – , – ◡ ◡ – , ◡ – ;

choriambum aliis quoque pedibus saepe censet subiungi, velut

iambo S. Ai. v. 605.	χρόνῳ τρυχόμενος	[◡ – – ◡ ◡
trochaeo E. Hipp. v. 535.	οὔτε γὰρ πυρός οὔτ᾽	– ◡ – ◡ ◡
tribracho E. I. A. v. 1060.	παρὰ δὲ λευκοφαῆ	(◡ ◡ ◡ – ◡ ◡)
spondeo S. El. v. 472.	εἰ μή᾽ γὼ παράφρων	– – – ◡ ◡
cretico E. Alc. v. 605.	τὰν Μολοσσῶν τίθεται	– ◡ – – ◡ ◡
molosso S. Trach. v. 639.	ἐνθ᾽ Ἑλλάνων ἀγοραί	– – – – ◡ ◡
bacchio S. Ant. v. 809.	λεύσσουσαν ἀελίου	– – ◡ – ◡ ◡
amphibracho E. I. A. v. 208.	τὸν ἱ Θέτις τέκε καὶ	◡ – ◡ – ◡ ◡
antibacchio E. Or. v. 825.	βεβάκχευται μανίαις	◡ – – – ◡ ◡
paeoni I. E. Or. v. 1429.	ἁ δὲ λίνον ἠλακάτα	– ◡ ◡ ◡ – ◡ ◡
paeoni IV. E. I. A. v. 1061.	ψάμαθον εἰλισσόμενος	◡ ◡ ◡ – – ◡ ◡]

Bene haec congessit, sed sunt versus rhythmice spectandi sicut adscripsi.

A. Boeckh

qui cum alibi tum parte secunda tomi primi editionis
Pindari metra eius explicavit, pariter atque Hermann re-
stituit et refovit studia metrica. Qui non dissertis verbis
pugnat cum grammaticis sed quae ei videntur nixo potissimum natura rhythmi ponere solet quamvis contraria doctrinae
illorum. Atque universam eius doctrinam quamvis obiter
referre longum est; sat igitur habeo formas versuum, quae
ei videntur afferre. Enumerat in capite quod est ,de
versibus logaoedicis et dactylicis et anapaesticis et de
dactylicis cum basi et iambo'[20]) *dactylicos* non logaoedicos
×– –́ –– –– adonium cum basi, qui dicitur *pherecrateus*,
–́ –́ –––– adonium praemisso iambo, alios, *dactylicos vero
logaoedicos, in quibus dactylum levem esse dicit sive irratia-
nalem* secutus Apelium, de quo infra dicetur, hos: –́ –– –– ––,
quem dactylicum simplicem, i. e. πρὸς ἑνὶ dupliciter trochaicum nominare ei est visum, *eundem catal.* –́ –– ––– (cf. p. 11.),
deinde –́ –– –– ––––, alios, quibus divisis iam licet videre eum
longe recedere a grammaticorum doctrina; quam ob rem
nolui omnia eius exempla afferre. Sed dignum quod seorsum laudetur est *quod anacrusin et basin praemitti vult
Boeckh logaoedis*, velut

– –́ –––– ––

ἇπερ κλυμένοιο παῖδα O. IV. ep. v. 1.

*et in aliis, qui versus ionici a maiore sunt ex veterum
doctrina; porro proponit* ×– –́ –– ––––, *eundem catalecticum*
×–́ –– –––– , *qui dicitur glyconeus, dactylicum simplicem
tripliciter trochaicum acatalectum qui est phalaecius hende-*

---

[20]) de anacrusi v. p. 15., de basi p. 65. Hanc docet esse ordinem
trochaicum ex uno pede – ◡ trochaicis dactylicisque ordinibus, prae-
fixum; quem quoniam integer per se sit ordo, accipere syllabam an-
cipitem et fieri spondeum soluta vero arsi ◡ ◡ ◡ vel ◡ ◡ –, [praeterea
vel iambicam esse vel pyrrhichiam basin.]. — Qua doctrina quanto-
pere commutetur veterum de versibus choriambicis sententia, non est
quod dicam fusius.

casyllabus ⏑ _́ ⏑⏑ ⏑⏑ ⏑⏑ ⏑⏑, *catal. eundem* ⏑̇ ⏑ _́ ⏑⏑ ⏑⏑⏑⏑,
dactylicum simplicem dupliciter trochaecum praemisso iambo
⏑ _́ _́ ⏑⏑ ⏑⏑⏑, ut ἐνικᾶν ἀλιτόξενον O. XI., str. v. 6. — Sed
videamus alia metrorum genera, quorum non paucos versus
ascripsit Boeckh logaoedico, antispasticum choriambicum
ionica. Displicent ut ab antispasto incipiam ei (v. p. 80.)
pariter ac Vossio versus qui constant compluribus antispastis. Neque apud Pindarum eos inveniri nisi tales dicit
p. 148., ubi in initio versus basi trochaicae purae purus
praemittatur iambus, velut ⏑ _́ | _́ ⏑ _́ ⏑ ⏑ ⏑ ⏑. *Neque vero posse
comparari antispasticum rhythmum cum choriambo ionicis-
que*, quia sit ille pes ex iambo et trochaeo, hi ex dactylo
facti et pyrrhichio (p. 91.). Choriambicum enim ionicaque
genera docet una paribus numeris ter positis constare
⏑⏑ _́ ⏑⏑ _́ ⏑⏑ _́, quo fiat soluto uno ex ternis disemis temporibus
vel _́ ⏑ ⏑ _́ vel ⏑ ⏑ _́ _́ vel _́ ⏑ ⏑ ⏑; in quibus singuli pedes
disiungi soleri incisione; hos vero choriambicos, ubi post
singulos pedes finiatur vocabulum, posse pro catalecticis
dimetris dactylicis haberi (p. 17.) interposita prosthesi;
sed etiam sine pausis posse ea recitari, quod faciendum
videatur ibi imprimis, ubi cum fine pedis vocabulum non
soleat finiri; choriambico rhythmo substitui trochaicam aut
iambicam formam, de qua re dicit fusius l. I. c. XV.
Enumerat vero has formas: ex choriambo perfecto factos
versus lyricos Ionicorum et Aeolensium, Anacreontis Alcaei
Sapphus aliorumque eroticorum ⏑ ⏑ ⏑, ⏑ ⏑ ⏑, ⏑ ⏑ ⏑; simplicem
choriambum coniunctum

     μηδ᾽ Ὀλυμπίας ἀγῶνα φέρτερον αὐδάσομεν Ol I.
     str. 6. 7.

     ⏑ ⏑ ⏑ ⏑ ⏑ ⏑ _́ ⏑ ⏑ _́ ⏑⏑ _́

binos choriambos

     ἔθηκε καὶ βαθυλείμων᾽ ὑπὸ Κίρρας ἀγών P. X.
     ep. v. 3.

     ⏑ _́ ⏑ | _́ ⏑ ⏑ _ _́ ⏑ ⏑ _ | _́ ⏑ ⏑.

Plures choriambos non convenisse censet carmini victorias

celebranti ut Pindarico, sed amatorio et ludibundo carmini.
Catalectici inveniuntur choriambi secundum Boeckhium
apud Pindarum -◡--◡, apud Aristoph. ◡⊥◡-, -◡◡-, -◡.
Non esse catalecticum, sed ex choriambo et cretico mixtum docet p. 71. (cf. p. 67.) illum versum *ἱστοπόνοι μείραχες*
-◡◡-, -◡◡; nam ut in dactylico genere pleni dactyli aegre
ferantur, ita in aliis generibus; non igitur esse versum
choriambicum desinentem in dactylum, -◡◡-, -◡◡ *neque
ionicum hunc: ἁ δ' Ἄρτεμις, ὦ κόραι* -◡◡◡, -◡◡-, *qui
quin* eam ob rem *logaoedicus* ., -◡◡, -◡, - *sit, non sit
dubium. Logaoedicos vero esse hos acatalecticos*

-◡◡- | -◡◡ -◡

-◡◡- |-◡◡ -◡ -◡ ut *δαχρυόεσσάν τ' ἐφίλησεν αἰχμάν*
quos a grammaticis sic divisos esse velim memineris

-◡◡-, -◡◡-, ◡·

-◡◡-, -◡◡-, ◡-◡,

item hos breviores

-◡◡- ◡-◡-   -◡◡ -◡◡-

◡-◡- ◡-◡-   et   ◡-◡ -◡◡-.

Nam clausulam -◡-◡◡-(◡) *esse logaoedicam* -◡◡, -◡, -(◡)
non choriambicam -◡◡-, -◡-(◡) *vel dactylicam* -◡◡, -◡◡
recte cognovit quod erat eius rhythmi ingenium, etsi argumento gravi rem de qua fusius agit p. 73. sqq. firmasse
non videtur. Eam esse frequentissimam et apud Pindarum
in medio versu et apud Alcaeum in illo

⊻◡ ⊥ ◡-◡- ⊻◡⊥◡-◡- -⊥◡⊻

*μαρμαίρει δὲ μέγας δόμος χαλκῷ, πᾶσα δ' Ἄρει κεκόσμηται
·στέγη,*
nec non ea claudi choriambicos hos

⊻◡ -◡◡- -◡◡- | -◡◡ -◡ ⊻ -◡ - -◡◡ - -

μηδὲν ἄλλο φυτεύσῃς πρότερον δένδρεον ἀμπέλω

⊻◡ -◡◡- -◡◡- | -◡◡ -◡ -◡

τὸν στρυγνὸν Μελανίππου φόνον αἱ πατροφόνων ἔριϑοι.
Secundam quoque partem versus ‚Maecenas atavis edite
regibus' esse logaoedicam versu sic recte diviso

$\underset{=}{x}$ - | $\overset{\prime}{}$ ‿ ‿ - | $\overset{\prime}{}$ ‿ ‿ ´ ‿ ‿ -;

nam sive iambo a choriambo praecedente dirempto

$\underset{=}{x}$ - ‿ ‿ ‿ - ‿ ‿ - | ‿ -

sive cretico a dactylo

$\underset{=}{x}$ - ‿ ‿ ‿ - ‿ ‿ ‿ | - ‿ -

dissecari quae uno legenda sint tenore. (p. 12.). — *Ana-crusin vel basin vult praemitti choriambo* sic

‿ $\overset{\prime}{}$ ‿ ‿ -; ‿ $\overset{\prime}{}$ ‿ ‿ -; - $\overset{\prime}{}$ ‿ ‿ -; $\underset{}{x}$ ‿ $\overset{\prime}{}$ ‿ ‿ -; $\underset{}{x}$ ‿ $\underset{\smile\smile}{}$ ‿ ‿ -;
‿ ‿ ‿ - ‿ ‿ -; porro iambum sic ‿ $\overset{\prime}{}$ $\overset{\prime}{}$ ‿ ‿ -. — Ex eis quae de ionicorum usu dixit, suffecerit rettulisse, ionicos a minore ei videri aptos imprimis melicorum atque eroticorum carminibus; *maxime vero scabri esse numeri ionicos a maiore et arrhythmia potius quam rhythmo insignes*; quos esse usurpatos a Ionicis et Aeolensibus poetis ut a Sapphone in carminibus amatoriis, et a cinaedographis. — Priapeo Eupolideo Cratineo epionico docet monopodiam, id est basin, trochaicam esse geminam p. 113., velut

$\underset{\smile\smile}{\overset{\textstyle x}{}}$ ‿ $\underset{\smile\smile}{\overset{\textstyle x}{}}$ ‿ $\overset{\prime}{}$ ‿ ‿ - [x] ‿ $\overset{\prime}{}$ ‿ ‿ - ‿

οὐ βέβηλος, ὦ τελεταὶ τοῦ νέου Διονύσου

‿ - ‿ - ‿ ‿ - $\underset{\smile}{\overset{\textstyle x}{}}$ $\overset{\textstyle x}{}$ ‿ - ‿ ‿ -

ὦ καλλίστη πόλι πασῶν ὅσας Κλέων ἐφορᾷ

Tertius Boeckhii liber, etsi non iam probati sunt compositionis modi qui ei placuere, tamen inspiciendus propter versuum choriambicorum sedulo collectas formas. Sunt autem, secundum Boeckhium, versus compositi
aut secundum I. compositionis modum facto transitu ex thesi in arsin, et consoeiantur vel
generum eorundem species eaedem, velut (p. 163.)
dactylicis puris catalecticis in disyllabum dactylici puri catalectici in syllabam, ... quibus complectitur Boeckh etiam choriambos, ut in his

$\overset{\prime}{}$ ‿ ‿ - ‿ ‿ - - | $\overset{\prime}{}$ ‿ ‿ -

$\overset{\prime}{}$ ‿ ‿ - ‿ ‿ - ‿ ‿ - - | $\overset{\prime}{}$ ‿ ‿ -

vel logaoedicis sine basi dactylici puri, ut

$\overset{\prime}{}$ ‿ ‿ - ‿ - ‿ - | $\overset{\prime}{}$ ‿ ‿ -; vel *generis* eiusdem species diversae; vel

genera diversa, ut

    duplex et par sic

        –⏑–⏔ | –⏑⏑–;   –⏑––, –⏑–– | –⏑⏑–

        ––⏑–⏔ | –⏑⏑–;   –⏑––, –⏑––, ––⏑– | –⏑⏑–

    et aliter, sed inprimis frequens choriambus dupli-
cis generis ordini adhaerens ut –⏑––, –⏑––, –⏑––. vel

    sesquialterum et par sic

        ⏑–⏑, –⏑⏑–

        ––⏑, –⏑⏑– –; aut

secundum alterum compositionis modum facto transitu ex
arsi in thesin, qui nihil ad nos; aut

secundum III., ex arsi scil. in arsin, ubi

 .(p. 169.) aut suppletur thesis post ultimam prioris
numeri arsin, et fiunt versus

    e speciebus eisdem:

        e trochaeis –⏑– | –⏑––

        e dactylis catalecticis in syllabam et e chori-
ambis qui sunt pro dactylicis catalecticis; tamen
sintne pro illis necne cum difficile sit diiudicare,
omnino choriambos subiungit Boeckh dactylicis.

Sunt vero

    ordines dactylici aut choriambici non logaoedici

        –⏑⏑– | –⏑⏑ –⏑⏑

        –⏑⏑– ⏑⏑– | –⏑⏑–

        ––⏑⏑– | –⏑⏑ –⏑⏑

        ––⏑⏑ –⏑⏑ –⏑⏑– | –⏑⏑–

        ––⏑⏑– | –⏑⏑––

    idem cum basi

        ×⏑ –⏑⏑– | ×⏑ –⏑⏑–

        ×⏔ –⏑⏑– | ×– ⏖⏑ –⏑⏑–

        ×– –⏑⏑– | ×⏑ –⏑⏑– ⏔

        ⏖⏑ –⏑⏑– | ⏖⏑ –⏑⏑ –⏑⏑ –⏑⏑

        ––⏑–⏑⏑– | ×⏔ ×⏑ –⏑⏑–

    sine basi in ordine priore

‒⏑⏑‒ | ‒⏑ ‒⏑⏑‒
⏑‒⏑⏑‒ | ‒⏑ ‒⏑⏑‒

porro dactylicis aut choriambis non logaoedicis aut cum basi aut sine basi, item cum
anacrusi, adiuncti logaoedici aut cum basi
aut sine basi, ut

‒⏑⏑‒ | ‒⏑ ‒⏑⏑‒ ⏑‒‒
‒⏑⏑‒ | ‒⏑ ‒⏑ ‒⏑⏑‒⏑‒
‒ ‒⏑⏑‒ | ‒⏑⏑ ‒⏑ ‒‒⏑
‒ ‒⏑⏑‒ | ‒‒ ‒⏑⏑ ‒‒⏑
‒‒ ‒⏑⏑‒ | ‒⏑⏑ ‒⏑‒
⏓⏑‒ ‒⏑⏑‒ | ‒‒ ‒⏑⏑ ‒⏑‒‒
⏑‒⏑ ‒⏑⏑‒ | ‒⏑ ‒⏑⏑ ‒⏑‒

[*generis* eiusdem speciebus diversis]
generibus diversis, velut
duplici consociatur par sic

‒⏑‒‒ ‒⏑‒ | ‒⏑⏑‒
‒⏑‒⏑‒ | ‒⏑⏑‒, vel

pari duplex, quo pertinet basis post choriambum,
ut Ol. I. ep. v. 2. ‒⏑⏑‒ | ‒⏑
παρ' εὐ]άνορι Λυδοῦ Πέ[λοπος;
et aliae compositiones. Et frequentissime post
genus par infertur creticus singularis aut paeon IV.
clausulae causa, qui tamen sit ex paeonico an
trochaico genere, ambiguum. Huius modi sunt in
choriambicis haec (p. 173.)

‒⏑⏑‒ | ‒⏑‒;   ‒ ‒⏑⏑‒ | ‒⏑‒;
⏑‒ ‒⏑⏑‒ | ‒⏑‒;   ‒⏑ ‒⏑⏑‒ | ‒⏑‒;
‒‒‒‒ | ‒⏑⏑‒ | ‒⏑‒;

(p. 179.) aut non suppletur thesis. Sic conglutinantur, ut
ait Boeckh, inter se

generis eiusdem species eaedem, cretici scilicet et ei
choriambi, qui non sunt dactylici,
generis eiusdem species diversae ⎱ quae nihil
genera diversa   ⎰ ad nos,

aut secundum IV. compositionis modum facto transitu ex thesi in thesin, quem et ipsum licet neglegere.

Postremo non possum non exscribere quae dicit Boeckh de choriambi vi in eo capite ubi de indole morali rhythmorum verborumque verba facit p. 200. Qui vero, inquit, sunt ex paribus ternis binorum temporum particulis, ii quidem pedes sunt graves admodum, sed ob inaequalitatem minus concinni, eorumque concitatior ionicus a minori, sedatior ionicus a maiori, medius choriambus; . . . . hinc, pergit, iam facile intelligitur, quam sapienter Graeci artifices aliis generibus poesis alios tribuerint rhythmos; . . . . nam aliis numeris utuntur erotici, choriambis imprimis, ionicis a minori, dactylicis logaoedicis; aliis bellicorum carminum auctores.

G. Hermanni

affero potissimum sententias quae extant in Elementis doctrinae metricae anni 1816. et in quarta Epitomae doctrinae metricae editione quae prodiit a. 1868. Tamen facere non possum, quin ex libro qui inscribitur Handbuch der Metrik a. 1799. edito ea verba sumam, a quibus initium facit capitis terti: Der Choriambe ist eine doppelte dactylische Reihe, die sich mit der zweiten Arsis endigt. Vides hic Hermannum de omnibus choriambis contendere quod de parte eorum placuit Boockhio ipsique postea Hermanno (v. el. doctr. m. p. 23., segm. 5., epit. ⁴ p. 72, § 212.), a neutro probata grammaticorum doctrina qui ad unum omnes-choriambum choreo i. e. trochaeo et iambo constare docent. — *Antispasticam mensuram* plerumque *esse alienam a poetis bonis demonstravit Hermann argumentis antispasticosque versus tribuit choriambis, ut*

> ●●, ‒◡◡‒, ‒◡◡‒, ‒◡◡ ‒◡◡

vel logaoedis, ut priapeum, quod constat ex glyconeo et pherecrateo: ●●, ‒◡◡, ‒◡‒|●●, ‒◡◡‒ ◡   *et hos*

> ●●, ‒◡◡ ‒◡‒ ◡

> καὶ κνίσσῃ τινὰ θυμιήσας

$$\bullet\bullet, \quad {-}\smile\smile \; {-}{-} \; {-}{-} \; {-}\smile$$

χαῖρ' ὦ χρυσόκερως βαβάκτα κήλων,

et praemissa iambica syzygia

$$-{-}\smile{-} \mid \bullet\bullet, \; {-}\smile\smile{-}\smile{-}$$

κόλπῳ δ' ἐδέξανθ' ἁγναὶ χάριτες Κρόνῳ

vel iambis

$$\smile{-}\smile{-}\smile{=} \mid \underline{\smile\smile}{-}\smile{-}\smile{-}\smile$$

γλυκεῖα μᾶτερ οὗτοι δύναμαι κρέκειν τὸν ἱστόν

Firmat autem choriambicam suam mensuram testimoniis
Terentiani Mauri Marii Victorini Plotii Sacerdotis[21]), *logaoedicam vero phalaecii versu Catulli c. LVi primo, qui est
phalaecius hendecasyllabus sic*

   oramus si forte non molestumst

*cuius spondeo pro dactylo posito demonstrari dicit poetam
versuum antispasticum noluisse scribere.* Contra et ipsi
Hermanno videntur esse antispasti, ubi aliquomodo lenita
est asperitas numeri, consociato ex. gr. iambo. Sequentibus autem iambis antispastum saepius eius ultimam syllabam per se correptam produci, quo facilius discerni possit
pes a iambis. Quod ubi non fiat, non nisi ex universa
carminis indole vel ex antistropha (v. p. 368.) posse videri
antispasticus utrum sit versus an pherecrateus vel glyconeus.
Velut versum esse ex antispasto et diiambo compositum
Agam. 749. ἀκασκαῖον δ' ἄγαλμα πλούτου, cuius antistrophicus
est τεχνοῦσθαι μηδ' ἄπαιδα θνήσκειν, $\smile{-}{-}{-}$, $\smile{-}\smile{-}$. cf. pp.
224. 230. 368. Antispastis cum iambis iunctis subiungit
in epitoma versum ex choriambo cum anacrusi et uno
iambo compositum
S. Trach. v. 848. ἤ που ὀλοὰ στένει $\smile\stackrel{\prime}{-}\smile\smile{-} \mid \smile\stackrel{\prime}{-}$.
Nec aliter atque glyconeos et pherecrateos II. *pherecrateos*

---

[21]) a quibus tertium et quartum quoque eorum, quos logaoedicos
mavult Hermann, choriambice esse divisos sic

$$-{-}, \; {-}\smile\smile{-}, \; \smile{-}\underline{\smile}$$
$$-{-}, \; {-}\smile\smile{-}, \; \smile{-}\smile{-}, \; {-}$$

supra dixi.

priores quoque quos [*dicimus, quibus in*] *prima sede collo-*
catus est dactylus, adnumerat logaoedis remota choriambica
quae grammaticis placuerat mensura. cf. ep. p. 136. Sed
de his satius infra referre. — Iam nonnullis ex antispasticis
versibus *choriambicorum* copiae adiunctis *denuo auxit* eorum
numerum parte eorum quos ionicos a maiore voluerant
grammatici esse pariter atque Vossius commotus syllaba
ancipiti a qua inciperent, quae etsi per se defendi posset,
tamen nusquam inveniretur in iis qui certo ionici essent;
ubique autem in eis quos non esse ionicos vel apertum esset
vel verisimillimum. cf. ep. p. 140. *Hos vero aut esse*
choriambicos velut

  Κρῆσσαί νυ ποθ᾽ ὧδ ἐμμελέως πόδεσσιν
  εὐμορφοτέρα Μνασίδίκα τᾶς ἀπαλᾶς Γυριννῶς
vel logaoedicos velut

  ἅδ᾽ Ἄρτεμις ὦ κόραι
  πλήρης μὲν ἐφαίνεθ᾽ ἀ σελάνα
  τριβώλετερ· οὐ γὰρ Ἀρκάδεσσι λώβα
  δέδυκε μὲν ἀ σελάνα καὶ πληιάδες· μέσαι δὲ ...

Omnino autem inquit Hermann vereor ne lyrici Aeolenses
non magis quam Dorienses lyrici aut tragici numerum Joni-
cum a maiore usurpaverint. Id ego tum demum credam,
quum quis exempla protulerit licentias habentia eas quae
propriae huius numeri sunt.' — Choriambicis cum anacrusi
adnumerat Hermann eos qui incipiunt ab amphibracho vel
a palimbacchio (cf. ep. 140.), velut Agam. 757.

  πομπᾷ Δι|ὸς ξενίου

aut a trochaica basi, velut

  te deos o|ro Syharin cur properas amando.

Formae eorum, quibus basis est, sunt haec secundum Hermannum (cf. ep. p. VII.)

  ··, ‒ ‿ ‿ ‒

  νῦν ἐν ποιονόμοις A. Suppl. v. 42.

  ··, ‒ ‿ ‿ ‒ ‿ ,cui pherecrateo nomen est'

.., ‒ ‿ ‿ ‒ ‒‒ ,qui ordinem logaoedicum habet, glyconeus' (de pherecr. et. glyc. v. infra)

.., ‒‿‿‒, ‒‒
εὐφαμεῖτε δὲ χωρῖται A. Eum. v. 1038.

.., ‿‿‿‒, ‒‿‿‒, ‒
οὐδ' οἰκτρᾶς γόον ὄρνιθος ἀηδοῦς S. Ai. v. 628.

.., ‒‿‿‒, ‒‿‿‒, ‒‿
ἀλλ' ἁ μοιριδία τις δύνασις δεινά S. Ant. v. 951.

.., ‒‿‿‒, ‒‿‿‒, ‒ᴗᴗ‒
εἰ μή' γὼ παράφρων μάντις ἔφυν καὶ γνώμας S. El. v. 472.

.., ‒‿‿‒, ‒‿‿‒, ‒‿‿‒, ‿
κατθνάσκει Κυθέρη ἁβρὸς Ἄδωνις · τί κε θεῖμεν; Sapph.
aliae logaoedicam terminationen habentes

.., ‒‿‿‒, ‒‿‿‒, ‒‿‿‒ ‿‒
Νύμφαις ταῖς Διὸς ἐξ αἰγιόχω φασὶ τετυγμέναις
vel iambum ad ultimum choriambum additum

.., ‒‿‿‒, ‒‿‿‒, ‒‿‿‒, ‒‿‿‒, ‿‒
Κρονίδα βασιλῆος γένος Αἴαν τὸν ἄριστον πεδ' Ἀχιλλέα
vel amphybrachum

.., ‒‿‿‒, ‒‿‿‒, ‒‿‿‒, ‿‒‿
τὸν στυγνὸν Μελανίππου φόνον αἱ πατροφόνων ἔριθοι
quos locos, etsi iam supra eorum complures ex Hephaestionis libro attuli, tamen hic quoque exscripsi ut quid
Hermann de horum versuum clausula sentiret eo melius
appareret; de qua re infra item dicetur. Basin semper
spondiacam esse addit in Horatii carminibus exceptis
l. I. c. XV. vv. 24. et 36.; in fine uniuscuiusque choriambi
excepti ultimi fieri apud eundem caesuram velut

Maece]nas atavis | edite regibus
Nullam] Vare sacra | vite prius | severis arborem.
Denique commemorat in hoc capite Alcaei illud quo describitur armamentarium

μαρμαίρει δὲ μέγας δόμος χαλκῷ · πᾶσα δ' Ἄρῃ κεκόσμηται
στέγα
quod a Gaisfordio falso antispasticis adnumeratum esse dicit

‒‒‒◡, ◡‒◡‒, ‒‒‒◡, ◡‒◡‒, ◡‒◡‒

a Blomfieldio vero recte divisum in partes tres

‒◡‒◡◡‒◡‒ | ‒◡‒◡◡◡◡‒ | ◡‒◡‒ ;

sequitur ut hic quoque choriambi cum basi placeant Hermanno addita post binos versiculos dipodia iambica. — Creticos denique vult adiunctos esse choriambis ita ut versus sit compositus e choriambo et cretico catalectico in Plaut. Rud. a. IV. sc. 3. ‒◡◡‒ ‒◡‒‒◡

das mihi te non fore infidum

et similiter in Men. a. I. sc. 2. Sed hoc omisit in epitoma. Reliquum est ut de logaoedicis versibus quae Hermann iudicaverit, breviter exponam; quos quattuor capitibus tractavit quae sunt de dactylicis logaoedicis de anapaesticis logaoedicis de choriambis de glyconeis. Quorum in primo, postquam Hephaestionem secutus Alcaicum decasyllabum et Praxilleum commemoravit, multas alias id genus formas inveniri dicit, velut „quem grammatici choriambicum dimetrum catal. vocant, quia choriambicos saepe concludit

ἐξαπατῶντι μῦθοι ‒◡◡‒, ‒◡‒, ‒◡ porro

ἐκτόπιος συθεὶς ὁ πάντων ‒◡◡‒, ◡◡‒, ‒◡, ‒◡‟ O. C. v. 119. (qui versus est dim. chor. hypercat. ex Hephaestionis doctrina ‒◡◡‒, ‒◡◡‒, ◡). Sed prioris formae versum una syllaba longiorem monet saepius ad choriambicos pertinere ac tum esse hoc numero ‒◡◡◡‒, ◡◡◡◡◡‒. Nec non de breviore versu haec in capite quod est de choriambis: „Quorum dimeter, inquit

οὐ ἔτος ὦ γυναῖκες ‒◡◡‒, ◡‒◡

plane idem est cum ordine logaoedico ex uno dactylo et duobus trochaeis, neque aliam ob causam quam quod coniungi cum choriambicis solet cognatusque eis est in choriambicis versibus potest numerari.' Quae cognatio qualis sit, infra videbimus; tam arte autem cohaerere visus est Hermanno ille ordo logaoedicus cum ipsis choriambis ut exempli causa versum

δακρυόεσσαν τ᾽ ἐφίλησεν αἰχμὰν
trimetrum appellaret choriambicum tamquam sic divisum
-⌣⌣-, -⌣⌣-, ⌣-◡. Segregandi vero cognatos illos versiculos -⌣⌣-, ⌣--⌣ et -⌣⌣, -⌣--⌣, — nam diligenter se-
gregarentur visum est necesse pro diverso eorum numero, —
petit rationem Hermann ab antistropha. Velut in Ar.
vesp. vv. 526. sqq.

νῦν δὲ τὸν ἐκ θἠμετέρου   -⌣⌣-, -⌣--

γυμνασίου λέγειν τι δεῖ   -⌣⌣-, ⌣--⌣

  καινὸν ὅπως φανήσει   -⌣⌣-, ⌣-⌣

quibus respondent vv. 631. sqq.

οὐπώποθ᾽ οὕτω καθαρῶς   ⌣--⌣, -⌣--

οὐδενὸς ἠκούσαμεν, οὐ-   -⌣⌣-, -⌣--

  δὲ ξυνετῶς λέγοντος   -⌣⌣-, ⌣-⌣

vetatur Hermannus respondente versu sic dimetiri v. 527.
-⌣⌣, -⌣ -⌣- versumve 631. ., -⌣-, -⌣--. Cuius rei plu-
rima congessit exempla ex Aristophaneis potissimum comoediis petita, quibus apparere ei visum est choriambici
dimetri has esse formas

⌣-⌣-, ⌣-⌣-, ⌣-⌣⌣-, -⌣⌣-, ◡⌣⌣-, -⌣--

⌣̈⌣---, -⌣⌣-, ⌣-⌣⌣⌣, -⌣--.[22]

Catalectici versus hoc est exemplum (ex Ar. Lys.)

ὑστερόπους βοηθῶ   -⌣⌣-, ⌣-⌣

γυναῖκας ἀνθρακεύειν   ⌣-⌣-, ⌣-⌣

Sunt igitur versus -⌣⌣ -⌣-⌣; -⌣-- -⌣-⌣;
et logaoedici   et choriambici

-⌣⌣, -⌣, -⌣   acatal.   -⌣⌣-, ⌣-⌣   catal.

-⌣⌣, -⌣, -⌣, - catal.   -⌣⌣-, ⌣--⌣   acatal.

idem cum basi ⌣⌣, -⌣-⌣⌣;   ⌣⌣, -⌣⌣ -⌣-

⌣⌣, -⌣⌣, -⌣   catal.   ⌣⌣, -⌣--, ⌣   hypercatal.

⌣⌣, -⌣⌣, -⌣, - acatal.   ⌣⌣, -⌣⌣-, ⌣⌣   brachycatal.

---

[22]) Ceterum notandum secundum Hermannum breviores ordines
logaoedicos velut -⌣⌣, -◡ non addi choriambis; nam versum S. Ai. 226.
τὰν ὁ μέγας μῦθος ἀέξει hypercatalectum dimetrum esse vult -⌣⌣-,
-⌣⌣-, -.

Quam discrepantiam expedivit Hermannus in libro tertio ubi fusius de his versibus egit prorsusque novam protulit doctrinam qua demonstrare sibi visus est quomodo factus esset glyconeus πολυσχημάτιστος. Quo artis vocabulo aliter utitur atque Hephaestio ad eos appellandos versus, qui fiunt copulatis duobus vel pluribus non eiusdem numeri ordinibus. Genuinam vero docet formam glyconei esse et maxime nitidam, quae constet ex basi et ordine logaoedico e dactylo per trochaeum in arsin exeunte composito

! ! | ⏊ ⏑ ⏑ ⏑ ⏑ ⏑ ;

qui vero polyschematistum hoc metrum facere iustituerint, eos primo illum ordinem in duos ordines divisisse, choriambum et iambum,

! ! | ⏊ ⏑ ⏑ - | ⏠ ⏊, deinde membra transposuisse

! ! | ⏊ ⏠ | ⏊ ⏑ ⏑ -

⏊ ⏑ ⏑ - | ⏠ ⏊ ⏑ ⏊.

Pariter rem se habere de pherecrateo, qui factus sit a

! ! | ⏊ ⏑ ⏑, ⏑ ⏑ hic

! ! | ⏊ ⏑ ⏑ - | ⏑ et hic transposito choriambo

⏊ ⏑ ⏑ -, ⏑ ⏊ ⏑. cf. ep. p. 166. sqq.

Dominatur igitur inquit in glyconeo polyschematisto choriambus, qui solus immutabilis manet; tenet autem nunc medium locum inter basin et iambum, nunc ultimam praegressis basi et trochaeo, nunc denique primum sequente diiambo. — Haec est summa Hermanni de glyconeis doctrinae. Quam fusius enarrare nolui quod infra eam falsam esse apparebit.

J. A. Apel.

De Apelii libro ‚Metrik' 1814. 1816. sententias Rossbachii et Christii exscribam, quibus non solum Apelii sed etiam illorum ratio haud male illustretur. Rossbachius Rhythmik[3] p. XIX. haec: Der einzige Punkt, inquit, in welchem Apel das richtige getroffen hat, ist sein flüchtiger Dactylus . . . . aber dieser Punkt verschwindet wieder unter der wüsten Masse der Hariola-

tionen und Hypothesen, und es lässt sich auch hierauf
anwenden, ... dass die blinde Henne ein gutes Korn
gefunden habe. . . . Die wissenschaftliche Bearbeitung
der Rhythmik und Metrik hat daher mit Apel nichts zu
schaffen und kann in seinem Thun und Treiben nur ein
Warnungszeichen sehen. Contra Christ. Metr. praef. p. V.:
Insbesondere hat sich mir die Ueberzeugung immer mehr
befestigt, dass A. Apel durch seine der neuen Musik ent-
lehnte rhythmische Auffassung die unverrückbaren Grund-
lagen der griechischen Metrik gelegt hat, dass aber nicht
die alten Metriker sondern auch die alten Dichter,
die griechischen wie die römischen, infolge des Mangels
einer klar entwickelten musikalischen Theorie und einer
einer die musikalischen Werthe genau fixierenden Noten-
schrift derart an den Silben und äusseren Versformen
hingen, dass man sich nicht allzusehr wundern darf, wenn
selbst Männer wie G. Hermann und A. Boeckh wieder
mehr oder minder in die Bahnen der alten Lehre zurück-
sanken. — *Vidit igitur primus Apel distinguendum esse a*
dactylo quattuor temporum $\underline{2}\,1\,1$ *dactylum trium* hunc

$\underline{1\frac{1}{2}\,\frac{1}{2}\,1}$ ♪. ♪ ♩ (I p. 122. II. p. 485. sqq.). Pariter distinguit

a choriambo graviore sex temporum $\underline{2}\,1\,1\,\underline{2}$ ♩♪♪♩ chori-

ambum leviorem item sex temporum, qui sic dividuntur

$\underline{1\frac{1}{2}\,\frac{1}{2}\,1\,3}$ ♪. ♪ ♩ ♩. (I. p. 141.)
Dactylum cyclium inesse docet in his logaoedicis (II. p. 491.)
‒◡◡‒; ‒◡◡‒◡; ‒◡◡‒◡◡‒; ‒◡◡‒◡◡‒; nec non in logaoedicis
habendum esse (II. p. 511) ‒◡◡‒◡◡‒, qui non sit choriambicis dimeter ‒◡◡‒, ‒◡◡‒; cf. I. p. 125. Nam prorsus errare
qui commutari choriambum cum diiambo contendant. cf.
§ 687. Dolet quod tertiam volumen, quo de choriambis
erat acturus Apel, non prodiit. Secundae editionis in-
spiciendae mihi non fuit facultas.

E. de Leutsch.

Leutsch anno 1841. edidit librum quem inscripsit Grundriss zu Vorlesungen über die griechische Metrik. Entworfen und mit einer Sammlung von Beispielen versehen von E. v. L. — *De logaoedis sufficit dicere, ei et ipsi πρὸς ἐνὶ logaoedos et eos quibus est basis vel anacrusis, esse probatos; eis adnumerat phalaecium et O. T. v. 464.*

τίς ὅντιν᾽ ἀ θεσκιέπεια Δελφὶς εἶπε πέτρα

⏑⏑, ⏑⏑, ‒‿‿ ‒‿ ‒‿ ‒‿‿ *spreta choriambica mensura*

‿‒‿‿, ‒‿‿‒, ‿‒‿‒; ⏑‒‿

Quid de Hermanniana de glyconeis sententia iudicet non sat apparet qua est natura liber; sed videtur eam comprobare. Antispastici versus non ei videntur esse nisi illae exclamationes ἰώ μοι μοι et pauci apud Pindarum. Ionici a maiore duobus exceptis exemplis sunt sotadei. Choriambicorum denique versuum haec sunt secundum Leutschium genera:

I. Choriambi catalectici

  1. Monometra choriambica. a. coniunctun. b. disiunctun.

  2. Dimetra choriambica.

    a. coniuncta.

    b. ‒⏑⏑‒, ‒⏑⏑‒; ⏑⏑⏑⏑, ‒⏑⏑‒; ‒‒‒‒, ⏑‒‿‒
       ⏑‒⏑‒, ‒⏑⏑‒; ⏑‒⏑⏑, ‒⏑⏑‒.

    c. systemata, velut A. spt. v. 917., S. El. v. 1058.

  3. trimetra choriambica.

    a. cum clausula cretica et spondiaca ·

      ‒⏑⏑‒, ‒⏑⏑‒, ‒⏑⏑‒ | ‒⏑‒ Heph. § 55.

      ‒‒⏑‒, ‒⏑⏑‒, ‒⏑⏑‒ | ‒‒ S. Ant. v. 785.

    b. cum clausula choriambica

      ‒⏑⏑‒, ‒⏑⏑‒, ‒⏑⏑‒.

    c. ‒⏑⏑‒, ⏑‒⏑‒, ‒⏑⏑‒.

  4. tetrametra choriambica.

    a. ⏑‒⏑‒, ‒⏑⏑‒, ⏑‒⏑‒, ‒⏑⏑‒

    b. ‒⏑⏑‒, ‒⏑⏑‒, ‒⏑⏑‒, ‒⏑⏑‒.

5. pentametra. [fr. 3. [45.] 10. B.

‑◡◡‑ ⏓◡◡‑ ⏓◡◡‑ ⏓◡◡‑ ‑◡◡‑ ! ‑◡‑ Pind. Dith.

τὸν Βρόμιον τὸν Ἐριβόαν τε καλέομεν · γόνον ὑπάτων
μὲν πατέρων μελπέμεν.

II. Choriambi catalectici

1. dimetra.

‑◡◡‑, ‑‑ Pind. J. VI. ep. v. 6.

◡◡◡‑, ◡‑‑; An. Sapph. idem cum solutionibus,
velut Διογενέτορες ◡◡◡◡◡‑‑.

2. trimetra.

a. ◡‑◡‑, ‑◡◡‑

◡‑◡‑, ‑◡◡‑, ‑‑

b. ‑◡◡‑, ‑◡◡‑, ◡‑◡

◡‑◡⏓, ‑◡◡‑, ◡‑◡

◡‑◡‑, ‑◡◡‑, ◡‑‑

3. tetrametra.

a. ‑◡◡‑, ‑◡◡‑, ‑◡◡‑, ‑‑ cf. I, 3, a.

b. ‑◡◡‑, ◡‑◡‑, ‑◡◡‑, ◡◡‑

◡‑◡‑, ‑◡◡‑, ‑◡◡‑, ◡‑‑

4. heptametrum e Marii Victor. libro petivit.

III. Choriambi logaoedici

1. choriambi cum clausula trochaica.

‑◡◡‑, ◡‑◡‑, ‑◡‑◡◡

‑◡◡‑, ‑◡‑◡◡ O. T. v. 1212.

2. monometra choriambica.

‑◡◡‑, ‑◡◡, ‑◡, ‑

‑◡◡‑, ‑◡◡, ‑◡ ‑◡, quorum exempla

αἰνοπαθῆ πατρίδ' ἐπόψομαι An.

δακρυόεσσάν τ' ἐφίλησεν αἰχμὰν An.; sed
cf. II, 2, b.

3. dimetra choriambica.

‑◡◡‑, ‑◡◡‑, ‑◡◡ ‑◡ E. Alc. v. 132.

‑◡◡‑, ‑◡◡‑, ‑◡◡ ‑◡ ‑◡

παρθενία παρθενία, ποῖ με λιποῖσ' ἀποίχῃ;

◡◡◡◡‑, ‑◡◡‑, ‑◡◡ ‑◡ ‑◡

Similiter trimetra tetrametraque choriambica vocat quae pentametra hexametraque sunt ex grammaticorum mensura; neque solum clausulam -◡-◡◡-, *sed et breviorem* -◡-◡◡ *habet pro logaoedica.*

IV. Choriambi cum anacrusi.

1. monometra.

◡|-◡◡-

2. dimetra.

◡|-◡◡-, -◡

◡|-◡◡-, -◡◡-

3. trimetra.

◡|-◡◡-, -◡◡-, ◡-◡

Κρῆσσαί νυ ποθ᾽ ὧδ᾽ ἐμμελέως πόδεσσιν, qui versus sane mireris quod non monometris adnumeratus est a Leutschio ex eis quae docuit segmento III. Nam versum

◡|-◡◡- -◡◡- -◡-◡◡

rursus appellat dimetrum.

Εὐμορφοτέρα Μνασιδίκα τᾶς ἀπαλᾶς Γυριννῶς.

Cuius inconstantiae nonnulla sunt exempla in libro; quam expedire nescio.

V. Choriambi cum basi.

Sunt eaedem versuum formae atque in segm. I.—III. sed praemissa basi, non accepta igitur mensura ionica.

VI. Choriambi cum praemisso iambo.

◡-, -◡◡-, -◡ ◡◡ -◡-

ἐν εὐάνόρι Λυδοῦ Πέλοπος ἀποικίᾳ Pind. O. I. ep. 2.

◡-, -◡◡-, -◡- -◡◡

ταλαίφρων ἄγομαι τάνδ᾽ ἑτοίμαν ὁδόν S. Ant. v. 878.

◡-, -◡◡-, -◡◡- ◡-꞊

θανεῖται παραπλήκτῳ χερὶ συγκαταστάς S. Ai. v. 320.

◡-, -◡◡-

χρόνῳ τρυχόμενος S. Ai. v. 605.

◡-, -◡◡-, -◡◡-, -◡◡-, -◡◡-, -◡◡-, -◡◡-◡

Ἀχαιῶν τε πλάτας ναυσικόρους ἡμιθέων, οὓς ἐπὶ Τροίαν ἐλάταις χιλιόναυσιν E. J. A. v. 172.

VII. Choriambi cum anacrusi et basi, cum duplici basi, cum brevioribus ordinibus praemissis.

•, ••, ‒◡◡‒

μόλπων ἄταν ἐπάγων S. Ai. v. 1189.

•, ••, ‒◡◡‒, ‒◡◡‒

περισσόν · αἲ γὰρ Ἀπόλλων ὁ Λύκειος Alcm. —

◡◡◡, ◡◡◡, ‒◡◡‒, ‒◡◡‒, ‒◡◡‒◡◡

τίς ἄρα νέατος ἐς πότε λήξει πολυπλάγκτων ἐτέων ἀριθμός S. Ai. v. 1185.

Lydia dic per omnes.

Te deos oro Sybarin cur properes amando Hor. I. 8.

In compositus versibua sequitur Boeckhium accepta eius divisione. In polyschematistis habet priapeum, cum falso a veteribus polyschematista vocata sint epionica, eupolideum polyschematistum, cratineum.

L. Müller .

librum de re metrica poetarum latinorum praeter Plautum et Terentium iterum edidit a. 1894. Ab eo sat est dixisse versus asclepiadeos phalaeciumque in logaoedis numerari. Neque est cur de

G. Dindorf

sim multus, qui rem metricam tractavit in poetarum scaenicorum editionis praefatiuncula et in metris in usum tironum explicatis. Sequitur enim plerumque Hermannum; novi nihil protulit.

Rossbacchii et Westphalii

libri, cuius tertia editio ‚Theorie der musischen Künste der Hellenen‘ prodiit a. 1885.—9., index est tertii voluminis parti alteri „Allgemeine Theorie der griech. Metrik von R. Westphal und H. Gleditsch“, alteri „Specielle Metrik von A. Rossbach.‘‘ — Notissima recoquerem, si ab his fundamentum rei metricae exstructum esse dicerem rhythmicorum imprimis Aristoxeni et grammaticorum frag-

menta et libros piimum recte interpretatis. — Docent vero
[3] III. 2. p. 351 sqq. profecti ab Hephaestionis dactylicis
logaoedicis itemque anapaesticis *monodactylica et monana-
paestica quoque esse; illorum esse tria genera, protodactylica
deuterodactylica tritodactylica.* Quorum falsam a grammaticis propositam mensuram, epichoriambicam dico et epioni-
cam, primi Rossbach et Westphal recte descripserunt, nec
non quae ratio inter choriambicam antispasticamque eorundem
versuum mensuras, quae inveniuntur apud veteres, inter-
cederet ratio, intellexerunt. Choriambicam enim ubique ve-
tustiorem esse quam antispasticam; nam antispastum pedem
fictum esse a grammaticis temporum posteriorum, qui cum
pedum tetrasyllaborum syllabas, ut vocabulo artis arithmeticae
utar, „permutarent', incidissent hanc quoque in descriptionem
earum ⏑--⏑. Quamquam ne choriambicam mensuram versuum monodactylicorum fuisse tritam poetis ipsis optimis,
cum omnis haec doctrina orta esset inter Sotadis Alexandrini
et Varronis aetatem.* Ante enim Sotadem artis vocabula
ἰωνικὸν ἀπὸ μείζονας et ἰωνικὸν ἀπ' ἐλάσσονος non fuisse.
Ab eo vero qui haec invenisset, monodactylicorum et mon-
anapaesticorum quoque mensura commutata nova ἰωνικῶν
et χοριαμβικῶν μικτῶν' nomina esse inventa esse veri
simile. *Ionice autem praecipue ab eo divisa esse illa metra
florentibus tum ἰωνικοῖς λόγοις qui vocantur. Sane apud
Latinos grammaticos inveniri monodactylicos monanapaesti-
cosque versus; sed ea in re non latere genuinae mensurae
logaoedicae vestigium, quod ionicum anaclomenon quoque*
⏑⏑-⏑⏑-- *divideretur ab illis sic logaoedice*
⏑⏑-⏑⏑-= *ut constaret anapaesto iambisque.* Quam
sententiam supra firmare conatus sum congestis grammaticorum locis. Nec non infra demonstrabo, χοριαμβικῶν
μικτῶν doctrinam ortam esse Alexandrinorum aetate, cum
de tempore, quo nomen ionicorum sit natum, satius videatur
litem sub indice relinquere. — *Vides a Westphalio non
solum clausulas illas* ------ *sed etiam omnes, qui aliquo*

*modo possunt, choriambicos versus dividi logaoedice. Qua
in re non paullum adiuvatur catalexi illa interiore, qua
fiunt ex. gr. ex*

‒ ◡ ◡ ‒ ◡ ‒   *vel* ‒ ◡ ◡ ‒ ◡ ‒ ◡ ‒   *hi versus*

‒ ◡ ◡ ‒   ‒ ◡ ‒   ◡ ‒ ◡ ◡ ‒   ‒ ◡ ‒

etsi hoc saepius fieri in trochaicis negat. *Nascitur ergo
forma* ‒ ◡ ◡ ‒ *non solum duobus dactyli alterius intercidentibus syllabis* ‒ ◡ ◡ ‒ ◡ ◡, *sed etiam intercidente brevi trochaei*
‒ ◡ ◡ ‒ ◡. Expressis verbis vero monet id tenendum esse,
in versu ‒ ◡ ‒ ◡ ◡ ‒ ‒ ◡ ◡ ‒ ‒ ◡ ◡ ‒ ◡ non esse nisi unam choriambum praecedente et subsequente ordine logaoedico ‒ ◡
‒ ◡ ◡ ‒ | ‒ ◡ ◡ ‒ | ‒ ◡ ‒ ◡ ◡ ‒. Et *summa est haec doctrinae, cho-
riambum non esse pedem peculiarem, sed proprium generis
logaoedici.* pp. 566. 665. 686. 700. 704. explicat lyricorum
scaenicorumque versus choriambicologaoedicos. — De

J. H. H. Schmidtii

libris Die Kunstformen der griech. Poesie und ihre Be-
deutung haec annoto, choriambicos versus, recte cognita
pedis natura (v. II. p. 38. IV. p. 576.), plerumque recte
statutos esse in tragicorum carminibus, quae explicavit in
appendicibus. Choriambos proprios choriambosque dactylicos et ipse discernit. Denique contendit IV. p. 579. versus
vere choriambicos apud Aechylum non inveniri nisi cum
ionicis coniunctis.

W. Christ.

„Metrik'.² a. 1879. De viro doctissimo fas si est me iu-
dicium ferre, facere non possum quin ab eo bona malaque
mirum in modum esse coniuncta dicam. Quid, quod, cum
omnes adhuc dimetra choriambica ὁμοιοειδῆ Hephaestionis
false esse statuta cognoscerent monodactylaque a Boeckhio
et Apelio proposita libenter reciperent, Christius haec docuit de logaoedis: Versus logaoedicos constare ordine dactylico cui adiecta esset clausula trochaica. Ordinem ille
dactylicum esse duorum vel complurium, clausulam duorum

vel trium pedum. Contra cola, quibus unus esset dactylus, ut -◡-◡◡-; ◡-◡-◡◡-; -◡-◡-◡- etsi artissime conexa
cum dactylicis logaoedicis, tamen quod saepissime glyconeis
choriambicis ionicis adicerentur, his esse adnumeranda.
Velut praeter

-◡◡- -◡-

ἰστοπόνοι μείραχες
hoc dimetrum choriambicam dixit

-◡-◡◡-◡

οὐκ ἔτος ὦ γυναῖχες,
dimidium scilicet tetrametri versus huius

-◡◡- -◡◡- -◡◡-◡ -◡

δεῦτέ νυν ἀβραὶ Χάριτες χαλλίχομοί τε Μοῖσαι
in illo scilicet versu dimetiendo discipulus Hephaestionis,
non in his. Nam tetrametrum versum non vult esse hunc

-◡◡- | -◡◡- | -◡◡- | ◡-◡

sed concedit eum claudi logaoedice; quam clausulam iubet,
cum choriambus quoque sit dipodia, secundum dipodias
dividi, ut sit tetrameter brachycatalectus

-◡◡- | -◡◡- | -◡◡-◡ | -◡

Qua in re fateor me non intellegere, quomodo, siquidem
altera pars versus longioris sit logaoedica, eadem pars per
se posita ut in -◡-◡◡-◡ οὐκ ἔτος ὦ γυναῖχες — dicit enim
Christ neben dem vollständigen Tetrameter auch seine
Hälfte — possit esse dimeter choriambicus. Praeter hos
affert Christ trimetra pentametra hexametra heptametra
octometron enneametron. Sed videamus, qui sit pes choriambus, si Christium sequimur. *Qua in re non solum vera
vidit, sed etiam firmavit argumentis. Pugnat enim cum
grammaticis, qui choriambum syzygiam trochaei et iambi
esse docent* cum nequaquam possit coniungi pes a basi
incipiens cum incipiente a thesi. Porro *nullam aliam esse
causam, cur choriambum idem valere dixerint grammatici
atque ditrochaeum vel diiambum, nisi quod alterum alteri
interdum respondere animadverterint; esse vero choriambum*

dipodiam catalecticam dactylicam [28]) eiusdem cuius dipodia acatalecta iambica spatii temporis. Quod fieri non posse nisi ubi dactyli *choriambi* κίκλιοι *qui vocantur esse* censeantur; quem dactylum cyclium Christ ut distinguat a dactylo ipso -‿‿, sic describit -‿ ‿, choriambum vero eam ob rem -‿‿ -. *Huc quadrare quod a scholiasta Hephaestionis p. 135.* κύκλιος *nominetur choriambus; quod choriambi longae nusquam solvantur pariter atque dactyli*; *quod choriambi coniungantur cum ordinibus catalecticis dactylicis, ut Aesch. Suppl. v. 82.*

-‿‿, -‿‿-, -‿‿-, -‿‿-‿‿

ἔστι δὲ κὰκ πολέμου τειρομένοις βωμὸς ἀρῆς φυγάσιν, quod hiatus dactylicorum versuum inveniatur in choriambicis: Soph. OR. v. 510. ἀδύπολις, τῷ | ἀπ' ἐμᾶς. Haec hactenus de puris choriambicis. De choriambicis cum basi habet haec: Esse eos antispasticos veterum, et posse dividi tripliciter; nam aut basin esse duarum brevium syllabarum, ut in Aeoleusium carminibus, neque. aliam atque baseos ipsius ei esse vim; baseos autem producto ad tres vel complures moras spatio, eius vim esse eandem atque ceterorum pedum; quo facto divisum esse choriambum monopodice sic ut apud Horatium

-‿ | -‿‿ | — ‖ -‿‿ | — ‖ -‿‿ | -....

vel iunctum esse dactylum cyclium cum pede praecedente sic, ut dubitat an apud Atticos·sit statuendum

-‿ -‿‿ | —-‿‿ | —-‿‿ | —....

Versibus choriambicis cum basi adnumerat Christ asclepiadeum minorem, quem logaoedice

---

[28]) Quod Christ dicit p. 459: Diese einfache natürliche Auffassung bricht selbst noch bei einigen Grammatikern durch wie bei Diomedes p. 508. u. Bass. p. 263, res sic se habet, ut illi choriambicos versus reducant ad dactylicos non eam ob causam, quod ipsum choriambum dactylicam dipodiam duxerunt sed quod cum ad duas formas principales omnia metra revocare studerent facilius choriambicum metrum dactylico quam iambico accomodari poterat. Non igitur quaerunt, sitne aliqua mensura simplex et naturae numeri apta, sed potius possitne rationi suae aptari.

⏑⏑, ⏑⏑⏑, ⏑ | ⏑⏑⏑, ⏑⏑, ⏑

non vult dividere, etsi Horatius talem esse versum sibi
habuerit persuasum, cum dubitat an non Aeolenses idem
senserint atque Horatius et res non ita facile expediatur
in trium choriamborum versibus, asclepiadeis scil. maioribus;
— asclepiadeis similes

⏑⏑, ⏑⏑⏑⏑ | ⏑⏑⏑⏑ | ⏑⏑⏑⏑ ⏑⏑

⏑⏑, ⏑⏑⏑⏑ | ⏑⏑⏑⏑ | ⏑⏑⏑⏑⏑⏑⏑

⏑⏑, ⏑⏑⏑⏑ | ⏑⏑⏑⏑ | ⏑⏑⏑⏑⏑

alios. Tertium genus versum choriambicorum est eorum,
in quibus sunt admixti choriambis pedes trochaici vel iam-
bici; velut anteponitur dipodia iambica

⏑≃⏑— | ⏑⏑⏑⏑ ⏑⏑⏑⏑ ⏑⏑

ἀναπέτομαι δὴ πρὸς Ὄλυμπον πτερύγεσσι κούφαις.

⏑⏑⏑— | ⏑⏑⏑⏑ ⏑⏑⏑⏑ ⏑⏑

νικᾷ δ' ἐναργῆς βλεφάρων ἵμερος εὐλέκτρου;
huc referri dicit a grammaticis eos quoque versus qui
exeant in dipodiam iambicam, vel quorum in medios choriambos inserta sit dipodia iambica:

⏑⏑⏑⏑ ⏑⏑⏑⏑ ⏑⏑⏑⏑⏑⏑⏑

πολλὰ μὲν ἐν δουρὶ τιθεὶς αὐχένα πολλὰ δ' ἐν τροχῷ

⏑⏑⏑⏑ ⏑⏑⏑⏑ ⏑⏑⏑⏑

τόν τε μεγασθενῆ τριαίνης ταμίαν
Rarius cum choriambis coniungi dipodiam trochaicam, velut
in Eupolideo

⏑⏑⏑⏑ | ⏑⏑⏑⏑ | ⏑⏑⏑⏑ | ⏑⏑⏑

⏑⏑⏑ | ⏑⏑⏑ |

⏑⏑⏑⏑ | ⏑⏑⏑ |

⏑⏑⏑⏑ | ⏑⏑⏑⏑ |

≃⏑⏑⏑ | ⏑⏑⏑⏑ | ;

cui cognatum esse Cratineum; nec non alios versus poly-
schematistos sic ut Eupolideum fictos inveniri, velut

⏑⏑⏑ | ⏑⏑⏑⏑

κρίνειν ἦ νὴ τὸν φίλιον Pher. frg. 92.

⏑⏑⏑ | ⏑⏑⏑⏑ | ⏑⏑⏑ | ⏑⏑⏑⏑

Παρνασίαν ϑ'ὃς κατέχων πέτραν σὺν πεύκαις σελαγεῖ Ar.
nubb. v. 604.

-◡-- | -◡◡- | -◡◡-◡◡

ἀσπίδα ῥίψας ποταμοῦ καλλιρόου παρ' ὀχϑάς Anacr.

-◡-- | -◡◡- | -◡◡- | -◡◡-◡

εἰ σὺ τὰν ἐμοὶ στυγερὰν Τρωάδα γᾶν μ'ἤλπισας ἄξειν S.
Phil. v. 1174.

Contra versus *ποικιλόϑρον' ἀϑάνατ' Ἀφροδίτα*, quem epichoriambice, i. e. cum trochaica dipodia
-◡--, -◡--, -◡-- dividebant grammatici, logaoedicus videtur
Christio praemissa *εἰσβάσει*. —
Choriambos cum anacrusi versus non facile distingui docet
a ionicis; sed dubiam rem non esse, ubi prima syllaba
sit anceps, vel ubi choriambici pedis finis sit idem atque
vocabuli; cuius rei eius exempla vide infra. Basi versus
choriambici praemissam esse anacrusin in epionico ab
Hephaestione nuncupato metro
◡|-◡|-◡◡-|-◡◡-|-◡--, quod sic dividit Christ
◡|-◡-◡◡|--–◡|-◡-◡◡|-

ὦ καλλίστη πόλι πασῶν ὅσας Κλέων ἐφορᾷ. — Ionici a
maiore sintne ab optimis scriptoribus ficti necne litem
fatetur Christius sub iudice esse. Ipse Telesillam in fragmento, quod unum eius carminum extat, Sophoclem in O.
R. v. 883. sqq. Euripidem in Hipp. v. 525. sqq. hoc numero
usos esse censent.

H. Gleditsch.

'Metrik der Griechen und Römer' inserta est J. Mülleri
'Handbuch der klassischen Altertumswissenschaft' (v. II.[2]
p. 677. sqq. 1890.) Auctor eam ob rem laudandus, quod
seiunctim de Graecorum et Romanorum re metrica agit.
— Choriambum *ἑξάσημον* dicit aeque ac ionicos molossum-
que p. 693. Dactylicos versus quibus sublatae sint secundae
quaeque binae theses, similes esse choriambicis, si formam,
non similes si rhythmum spectemus, cum hic ordo dactylicus

-◡◡-- -◡◡--

sedecim χρόνων contra hic choriambicus

‒ ᴗ ᴗ ‒ ‒ ᴗ ᴗ ‒

duodecim sit. Choriambicum tetrametrum ionicis esse coniunctum Soph. O. R. v. 483. sqq. Haec sunt quae de choriambo apud poetas Graecos obvio profert. Omnino enim censere videtur minoris momenti pedem cum et illud

Κρῆσσαί νυ ποθ᾽ ᾧδ᾽ ἐμμελέως πόδεσσι

ionice dimetiatur. Praeterea comprobat Westphalii mono-dactylica logaoedica, et catalexi interiore statuta chori-ambicos qui aliis visi erant versus, logaoedis attribuit, velut

‒ ᴗ ᴗ ‒ ‒ ᴗ ꭗ ∧ ὦ ξένοι αἰδόφρονες Soph. O. C. v. 273.

(‒ ᴗ ᴗ ‒, ‒ ᴗ ‒ dim. chor. μονοειδὲς catal.)

‒ ᴗ ᴗ ‒ ‒ ‒ ∧ ὦ παλάμαι θνητῶν S. Phil. v. 177.

ᴗ ‒ ᴗ ‒ ‒ ᴗ ᴗ ‒ Ἔρως ἀνίκατε μαχάν Ant. v. 781.,

de Hephaestionis mensura nota subiuncta p. 756. Simi-liter ei choriambus videtur esse catalectica dipodia dac-tylica in Asclepiadeo maiore versu sic describendo

‒ ꞊ ‒ ᴗ ᴗ ‒ ‒ ᴗ ᴗ ‒ ‒ ᴗ ᴗ ꭗ

μηδὲν ἄλλο φυτεί- σῃς πρότερον- δένδρεον ἀμπέλω

in alcaico ‒ ‒ ‒ ᴗ ᴗ ‒ ‒ ᴗ ᴗ ‒ ‒ ᴗ ‒ ‒

κατθνάσκει Κυθέρη- ἄβρος Ἄδω-νις · τί κε θεῖμεν;

in anacreonteo ‒ ᴗ ᴗ ‒ ‒ ᴗ ᴗ ‒ ‒ ꞊

ᾠνοχόει δ᾽ ἀμφίπολος μελι-χρόν

in sapphico ‒ ᴗ ᴗ ‒ ‒ ᴗ ᴗ ‒ ‒ ᴗ ᴗ ‒ ᴗ ‒ ᴗ

δεῦτέ νυν ἄ-βραι Χάριτες- καλλίκομοί τε Μοῖ-σαι.

Choriambos ἐξασήμους quos vult ab eo statutos non inveni. Priapeum cratineum eupolideum epionicum polyschematistum logaoedicos esse versus ex Gleditschii sententia vix est quod dicam. — Latinorum comicorum vult hos choriam-bos esse

Plaut. men. v. 110.

ní mala ni stúlta sies ni índomita impósque animi

Ter. ad. v. 611. sqq.

út neque quid mé faciam néc quid agam certúm siet

mémbra metu débiliā súnt, animus timóre
óbstipuit, péctore consístere nil cónsili quit.
Asclepiadeis Horatium Catullumque non aliter esse usos
atque Graecos poetas nisi quod caesura ab Horatio non
sit neclecta ,basis'que semper spondiaca facta.

Joannes Luthmer

scripsit de choriambo et ionico a minore diiambi loco
positis dissertationem insertam dissertationum philologi-
carum Argentoratensium volumĭni octavo; de qua confer
Hansen in Leutschii annalibus que vocantur Philol. Anz.
a. 1885. p. 10. sqq., et Klotz in Bursiani „Jahresber." a.
1886., v. III., p. sqq. — Studemundus vero Luthmerum
docuit pro duobus iambis haud raro legi modo choriambum
modo ionicum a minore, ac maxime in iamborum vicinia,
mutato syllabarum ordine sic:

$$\smile\underline{\lambda}\smile\underline{\iota} \qquad \smile\underline{\lambda}\smile\underline{\iota}$$
$$\overline{\underline{\lambda}\smile\smile\underline{\iota}} \qquad \overline{\smile\smile\underline{\lambda}\,\underline{\iota}}$$

cum alia non pauca formae - ᴗ ᴗ - cola ita ad logaoedicos
referenda essent, ut schema - ᴗ ᴗ - dipodiam dactylicam
catalectiam efficeret. Illius vero licentiae in initio diverbii
trimetrorum admissae affert exempla haec
Ae. Spt. v. 547. Παρθενοπαῖος Ἀρκάς · ὁ δὲ τοιόσδ' ἀνήρ.
Eur. suppl. v. 889. Παρθενοπαῖος εἶδος ἐξοχώτατος
A. spt. v. 488. Ἱππομέδοντος σχῆμα καὶ μέγας τύπος
Soph. fr. 785. Ἀλφεσίβοιαν, ἣν ὁ γεννήσας πατήρ
A. choeph. v. 677. εἶεν · ἀκούω · ποδαπὸς ὁ ξένος; πόθεν;
Ar. pac. v. 633. εἶεν · ἰκούω · ταῦτ' ἐπικαλεῖς · μανθάνω . .
A. choeph. v. 1049. φαιοχίτωνες καὶ πεπλεκτανημέναι, prae-
terea

- ᴗ ᴗ - ᴗ - ᴗ ᴗ - -
ᴗ - ᴗ -

Alc. frg. 18., v. 1 ἀσυνέτημι τῶν ἀνέμων στάσιν.

(ubi legi potest εἶέν γ᾽, ἀσύννετημι, εὖ συν(ν)έτησα). Alterum Studemundi sententiae argumentum proponit in medium Luthmer Hephaestionis verba haec (p. 30. W.) τὸ χοριαμβικὸν συντίθεται μὲν καὶ καθαρόν, συντίθεται δὲ καὶ ἐπίμικτον πρὸς τὰς ἰαμβικάς, scholiastae A haec (p. 179. W.) τὸ χοριαμβικὸν δέχεται τὸν χορίαμβον καὶ τὰς ἰαμβικὰς συζυγίας . . . . Γίνεται δὲ καὶ διαλυομένης τῆς πρώτης μακρᾶς εἰς δύο βραχείας πεντασύλλαβος ἐκ χορείου καὶ ἰάμβου · ὅθεν ἴσως καὶ χοριαμβικὸν ἐκλήθη, scholiastae ad c. XVI. haec (p. 212 W.) ὑπερτιθεμένου γὰρ τοῦ τῆς μακρᾶς χρόνου ἐν τῷ ἰαμβικῷ γίνεται χοριαμβικὸν σχῆμα. Hanc inquit Luthmer explicationem Studemundus suam esse voluit nisi quod Hephaestionem in eo vituperavit, quod choriambum ex ⏑⏑⏑⏑ ortum esse contendit; figuram enim ⏑⏑⏑⏑⏑⏑ non tam ⏓ ⏑⏑⏑ intelligentam esse quam ⏑ ⏓ ⏑⏑ ut esset solutio ⏑⏓⏑⏔. — Disgrediar hic a proposito, ut statim hanc sententiam refutem, quippe ad quam vix sit infra opus revocare. Ac primum quidem in ultimis verbis inest, quale non Studemundo viro doctissimo tribuerem, nisi Luthmer affirmaret hanc eius esse sententiam. Videtur ille verba scholiastae γίνεται πεντασύλλαβος ἐκ χορείου καὶ ἰαμβου · ὅθεν ἴσως καὶ χοριαμβικὸν ἐκλήθη sic interpretatus esse: oritur choriambus pentasyllabus, (Luthmeri verba: choriambum ex ⏑⏑⏑⏑ ortum), cum intelligenda sint: ex choriambo tetrasyllabo fit interdum peutasyllabus, scilicet soluta priore longa. Porro non est Hephaestio vituperandus propter ea, quae extant in hoc scholio; quod scriptum esse a sciolo quodam apparet, qui trochaion choreion quoque appellari nesciebat usus chorei nomine ad tribrachyn nuncupandum; quam ob rem inditum vult nomen pedi a maxime insoleta eius soluta forma. Denique, atque id maioris momenti est, χοριαμβικὸν ἐπιμικτὸν πρὸς τὰς ἰαμβικὰς non est choriambicum quod inmisceatur iambis, id quod voluit Luthmer, sed choriambicum cui inmisceantur iambi sic, ut primas partes agat ut ita dicam, choriambicum, licentia autem quadam admittantur iambi. Recta hac in re vidisse Westphalium qui et artis vocabulum πολυσχημάτιστος primus recte inter-pretatus est, habeo persuasum; nam dicuntur his verbis 'ἐπίμικτος πρὸς τὰς . . . . (συζυγίας)' ubique ab Hephaestione metra ὁμοιοειδῆ. Quod apparet cum verbis scholiastae τὸ χοριαμβικὸν δέχεται τὰς ἰαμβικὰς συζυγίας tam argumento ex silentio, quod vocamus, quo, cum hic careat labe qua solet alibi esse, non dubito niti. Rei enim tam gravis, ut eius vel in initio capitis mentionem faceret, iambicos dico versus, quibus inmixti sunt choriambi loco diiamborum, Hephaestio si habuisset exempla quis dubitat quin alla-turus fuerit? At non habuit. Nam orsus a quattuor istis versibus, quos affert Luthmer disciplinam exstruere sane noluisset. Quattuor dico, cum reliquis a nominibus pro-priis incipientibus neminem vinci confidam. Haec de He-phaestionis interpretatione. Porro, ut omittam breviores versus ut illud

ὄλβιε γάμβρε, σοὶ μὲν
δὴ γάμος, ὡς ἄραο
ἐκτετέλεστ', ἔχῃς δὲ
πάρθενον, ὡς ἄραο

ubi loco secundi cuiusque choriambi (cat.) -‿‿ diiambum ‿-‿ contendit Luthmer, quomodo putas factum esse, ut . ex. c. in Philoct. v. 1137.

μυρί' ἀπ' αἰσχρῶν ἀνατέλλονθ' ὃς ἐφ' ἡμῖν κακ' ἐμήσατ' ὦ Ζεῦ
-‿‿-, -‿‿-, -‿‿-, -‿‿-‿=

quater immutaretur ordo syllabarum facto ex diiambo cho-riambo, qua re plane natura versus commutatur? Denique, id quod gravissimum est, infra videbimus totam illam He-phaestionis clausularum mensuram esse perversam exceptis Alexandrinorum poetarum locis, ita ut neque diiambus sit catalecticus in huiusmodi formis

-‿‿-]‿‿‿‿‿

neque choriambica haec forma -‿‿‿‿‿-. — Haec habeo quae contra Luthmerum proferam. Adde argumenta

6

Klotzii; qui Philoct. v. 1137.—1161., Ach. v. 1150.—1162.,
Lys. v. 326.—340., ubi diiambus qui non est in clausula,
respondet choriambo, locos corruptos censet; et *Hanseni*,
qui re ipsa probata vituperat argumentum Luthmeri, nam
ei ipsi videntur oriri choriambi, indem in iambischen Reihen
durch Verschiebung der Icten (mutatum syllabarum
ordinem voluerat Luthmer) eine trochäische Gegenströmung
entstehen kann. Quod non placet eandem ob causam, quam
modo attuli; nam choriambicorum versuum plane alia est
indoles atque iambicorum. Neque mihi satisfacit alia
Hanseni opinio, ex qua contendit fieri e duobus choriamborum duorum vicinis longis unam atque eam quattuor
temporum:

‒ ◡ ◡ ‒   ‒ ◡ ◡ ‒

━ ◡ ◡ ◡ ▭ ◡ ◡ ‒,

nam quos affert, Aesch. Prom. v. 128. spt. 70. (ubinam est
gentium, qui παιδολέτωρ δ’ ἔρις ἅδ’ ὀτρίνει sic recitet
‒ ◡ ◡ ▭ ◡ ◡ ‒ ◡ ◡ ‒!) S. El. v. 1058. E. Troad. v. 565. non sunt
choriambici. Neque Heracl. vv. 355./6. placet diviso

 ὦ ξεῖν’ Ἀργόθεν ἐλ-
 θών · μεγαλαγορίαισιν

Postremo nullius alius numeri exemplo contractio duarum
in unam maiorem syllabarum longarum si quid video, potest
firmari; ut omittam illam longam choriamborum, si esset non
quattuor sed sex temporum futuram esse.

U. de Wilamovitz

in libri de Isyllo Epidaurio scripti (‚Philol. Unters.' v. IX.,
1886.) epimetro tertio de ionicis choriambisque fusius agit
p. 125. cf. Klotz in ‚Bursians Jahrb.' 1886., v. III., p. 159.
 Cuius sententiam ne ipsam quidem non probo. Quid
quod in praefatione epimetri docet rem metricam non esse
tractandam nisi ἐμπείρως et carminibus ipsis excussis,
eamque ob rem versum Κρῆσσαί νύ ποθ’ ὧδ’ ἐμμελέως πόδεσσι
ionicum maiore censent, p. 132. vero nihil cunctatus con-

tendit, choriambum fleri anaclasi ionici (cf. p. 22.), indeque profectus versum

ἀσπίδα ῥίψας ποταμοῦ καλλιρόου παρ' ὀχθάς

‒◡◡‒, ‒◡◡‒, ‒◡◡‒◡◡

ionicum esse censet? Contra a Sapphus natura hanc anaclasin esse alienam neque similem illum versum δεῦτέ νυν ἄβραι Χάριτες καλλίκομοί τε Μοῖσαι esse versui ἀσπίδα ῥίψας κτλ., sed scribendum esse δεῦτε νῦν κτλ. similiter atque

Te deos oro Sybarin cur properas amando?

Haec sane ἐμπειρίαν non redolent, *neque ullo a Wilamovitzio firmantur argumento*, nisi quod de Anacreonteo versu hoc: Wie er, inquit, bei Anacreon aufzufassen sei, lehrt die grössere Fülle von Belegen. (p. 133.) Sed quid inde cum non extent nisi fragmenta lyricorum? cf. Klotz. 1. 1. Anacreontis illud in Artemonem carmen constat, si Wilamovitzium sequimur, tetrametris cum anaclasi *ionicis, puro ionico non admisso!* Neque solum apud lyricos, sed in tragoediis comoediisque Wilamovitz *ratione variae choriambi et ionici indolis non habita*, strophas id genus ionicochoriambicos sibi invenisse videtur. Monet vero p. 159. qui de indole numeri ionici iudicent, ne neglegant verba Heraclidis Pont. (Athen. p. 625.) οὐδὲ τὸ τῆς ἰαστὶ γένος ἁρμονίας οὔτε ἀνθηρὸν οὔτε ἱλαρόν ἐστιν, ἀλλ' αὐστηρὸν καὶ σκληρόν, ὄγκον δὲ ἔχον οὐκ ἀγεννῆ· διὸ καὶ τῇ τραγῳδίᾳ προσφιλὴς ἡ ἁρμονία. Non neglegam infra; sed ne id quidem neglegam, duas τῆς τοῦ ἰαστὶ γένους ἁρμονίας species esse, quorum alteram αὐστηρὰν καὶ σκληρὰν et tragoediae aptam cognovit vir doctus eiusque originem repetivit ab Ionum natura; altera quae Heraclidis temporibus florere coepit, ab eo neclecta; sed de ea ipse Athenaeus vel quivis alius haec addit, quae verba Wilamovitz omisit: τὰ δὲ τῶν νῦν Ἰώνων ἤδη τρυφερώτερα καὶ πολλῷ παραλλάττον τὸ τῆς ἁρμονίας γένος.

Caput III.

Qui versus re vera videantur choriambici esse, quasque in eis conscribendis leges secuti sint poetae.

1. Ipsam quaestionem priusquam diiudicare coner, pauca de ratione et via praemittam.

In eligendis e confusione versuum, de qua adhuc egi, vere choriambicis non licet revocare ad leges ipsas choriambicorum versuum. Quae leges sane inveniri nequeunt nisi antea quaestione, qui versus sint vere choriambici, absoluta. Hac igitur via si progrederemur, in circulum vitiosum quem vocant ne incideremus periculum esse futurum apparet. Hoc quidem concedo, esse versus quorum mensura choriambica nequaquam versatur in dubitatione; sed his si nitamur, vide ne tunc quidem res non sua comprobata sit natura, sed tanquam e consensu, ut philosophi dicunt gentium; quod argumentum quantillum valeat, notum. Nec sunt illi versus tales, quales ubique fundamento nobis sint, sed fere non consentiunt viri docti nisi de versibus longioribus; inprimis autem litigari de brevioribus versibus

$$-\cup\cup, \ -\cup, \ -\cup$$
$$-\cup\cup-, \ \cup-\cup$$

quaeso memento. — Tamen aliquid fructus inde nos posse percipere non nego.

Nec magis licet niti veterum scriptis, quae sunt de re metrica. Quorum disciplina etsi accurate non fundata illa quidem, verum sic extructa est, ut qui grammaticorum corripiunt hariolationes insaniamque et calumniantur, J. H. H. Schmidtium imprimis dico, se ipsos parum peritos eius disciplinae esse comprobent; tamen hoc semper tenendum, neque eos libros, qui iam extant, neque eos ex quibus descripti sunt, temporibus vivae ut ita dicam florentisque poeseos esse scriptos. Neque cuiusquam assensu leguntur illa eam ob rem quod rhythmica arte plane neglecta syllabarum tantum quantitates spectant grammatici.

Tales igitur in medium veniant leges in absolvenda quaestione, quales firmari possint et fundari non ex grammaticorum auctoritate vel ex ipsorum choriamborum, sed e numeri natura universa.

Qua in re neminem a me postulaturum spero, ut ea, quae iam extra sunt dubitationem, recoquam; quid enim crambe repetita antispasticos non esse choriambicos quosdam versus denuo comprobem? Immo hoc meum fuit, ea de quibus iam controversia est inter viros doctos, plana prout potui facere.

2. Ac primum quidem quae vis sit choriambicis versibus, perquiramus. Cum ionicis id commune est choriambicis versibus [24]), quod continuato utroque pede coniunguntur binae longae binaeque breves syllabae

‒ ◡ ◡ ‒, ‒ ◡ ◡ ‒, ‒ ◡ ◡ ‒

◡ ◡ ‒ ‒, ◡ ◡ ‒ ‒, ◡ ◡ ‒ ‒

qua re imprimis eos dixerim distingui a iambicis trochaicis dactylicis, quod magis inter se sunt contrariae duae arses thesesque coniunctae quam duae theses cum una arsi vel una thesis cum una arsi in unum coactae. Et positam esse in illa coniunctione syllabarum longarum et brevium vim ionici choriambicique propriam numeri apparet. Nam ut opus est maiore intensione et impetu vocis ad pronuntiandas subsequentes *duas* productas, impetus quidam necesse est animi et concitatio sit eius qui pronuntiat; id quod et psychologiae quam vocamus periti docent et in suo ipsius sermone cuique licet observare. Hac vero re est factum ut siquis hos numeros ad dialogos vel carmina

---

[24]) ἐπιπλοκῇ iuncta esse voluerunt grammatici ionicum et choriambicum metrum, velut Aphtbon. p. 63.[11] impr. p. 64.[10]. Quae doctrina adeo non spectat rhythmum, ut falsus sit Christ qui an poetis optimis nota fuerit dubitat (p. 548); nec non versatur de hac re in errore Hermannus p. 492. sqq. Sed hoc omitto, cum inde lucis quidquam neque ionico neque choriambico neque discernendo alteri ab altero metro.

epica pangenda usurparet, risum moveret. — Potest autem illa concitatio animi varia esse et variis ex causis orta; et alii aptius esse choriambicum metrum alii ionicum omnes spero concessuros, etsi haec res melius auribus percipitur quam verbis describitur. In illo enim numero colliduntur ut ita dicam, *duorum pedum* singulae arses $-\smile\smile-$ | $-\smile\smile-$, cum lentius labantur et defluant ionicae *unius pedis* arses ad finem pedis $\smile\smile--$ | $\smile\smile--$; qua re fit acrior ille numerus, non ita concitatus hic. (Quod si quis volet negare, hoc teneto, carmina ionica esse, carmina choriambica non esse nisi inde ab Alexandrinorum poetarum temporibus, cum optimi poetae voluerint choriambicos versus partes esse stropharum potissimum logaoedicarum. Quod qui factum? Vetabantur pangere carmina mere choriambica, quae quomodo sonarent facile cogitatione tibi fingas, acritudine numeri, non vetabantur carmina ionica scribere. Sed hoc dico praeoccupans; nam nondum demonstratum, velut lyricorum quosdam versus non esse choriambicos, sed choriambicologaoedicos.) — Quam ob rem ego pugnem cum Boeckhio quippe qui choriambos convenire censuerit amatorio et ludibundo carmini. Hanc provinciam ionicis ego potius relinquam; nam sane gaudio vino amore commovetur et concitatur animus, turbatur vero et agitatur ira furore odio vel laetitia praeter modum elata. Rectius igitur de vi choriambi videntur iudicasse I. H. H. Schmidt, qui dicit: (Leitfaden der Rhythmik und Metrik 1869. p. 33.) die Choriamben, ein seltener Takt, dienen besonders zum Ausdrucke des höchsten Grades der Verzweifelung und des Unwillens. Daher bilden sie auch gern sehr lange Verse, weil die Verzweiflung schwer zur Ruhe gelangt . . . . . Gerne (hoc improbo) folgen auf choriambische Verse ionische, die zwar auch heftige, aber im Verhåltnis gegen jene doch bedeutend gemilderte Gemütsstimmungen bezeichnen (similia docet passim in libro qui die Kunstformen inscribitur), et Rossbach [3] III., 2. p. 516., ubi logaoedicis

versibus tribuitur wechselvolle individuelle freie Beweg-
lichkeit, Anmut und Grazie, bei håufiger Anwendung von
Choriamben auch ungestůme Heftigkeit und Leidenschaft-
lichkeit. Et recte Gevaert quoque (Hist. de la mus. p. 124.)
Les choriambes se monstrent seulement dans les situations
les plus poignantes et toujours associés à d'autres mètres.
Quod infra confirmabitur exemplis.

Ex argumento igitur carminis potissimum licet petere
indicium in distinguendis ionicis choriambicis logaoedicis
versibus. Qua in re hoc moneam, nobis non licere uti
hoc indicio nisi ubi poetae studeant ut vere congruant
argumentum carminis et indoles metri. Quodsi Alexan-
drinus poeta Philicus scribit choriambicos versus hexametros ut aliquid novi, ut ait, rariore metro usurpato eis
qui legant offerat, nihil sane valet haec lex.

3. De ionicis ubi supra egi versibus, ionicos a minore
ubique dixi. Ionici a maiore enim quomodo a choriambicis distinguerentur non fuit cur argumenta afferrem, cum
eam sententiam, ex qua non inveniuntur ionici a maiore
apud poetas optimos, magis magisque comprobent viri
docti. Et ei quoque qui ionicos a minore sic dimetiuntur
⏑⏑ ¦ - - ⏑ ⏑ - ⏑ ⏑ - - ..... in poetarum qui ante Alexandrinorum
tempora sunt, carminibus, hoc fere non faciunt quod revera
„scabrum illum et arrhythmia potuis quam rhythmo in-
signem" quem iure dicit Boeckh numerum a maiore usurpatum esse censeant, sed quod nolunt a thesi incipi ullum
versum, de qua doctrina vide Hermanni El. doctr. metr.
p. 11., segm. 10. Sed quod de languore numeri dixi
Boeckhium secutus, redit ad sensum arbitriumque cuiusque, neque hoc argumento convinco Wilamavitzium Gle-
ditschiumque. Tamen vide ne sententiae Rossbachii et
Westphalii (qui cum Sotadei iam versus coeperint esse in
usu, alios quoque versus eorum modo divisos esse a grammaticis Alexandrinis censent), sit adiumento haud parvo,
quod Varronianis id quod supra demonstravi nequaquam

noti ionici a maiore versus sunt praeter Sotadeos; quorum
in scriptis extare doctrinam et antiquiorem et meliorem
Hephaestionea inter omnes constat.

4. Iam venio ad logaoedicos choriambicosque versus
discernendos secundum vim et indolem utriusque metri.
Quam diversissimam esse nemo est quin sciat. Et vix
est cur dicam, mihi ab hac metrorum diversitate profecto
velut hos lyricorum versus non videri choriambicos, sed
logaoedicos

Sapphus ὄλβιε γαμβρέ, σοὶ μὲν ⎫ non -⌣⌣-, ⌣-⌣ sed
        δὴ γάμος ὡς ἄραο ⎭   -⌣⌣, -⌣, -⌣,

Anacr.   Σίμαλον εἶδον ἐν χορῷ πηκτίδ᾽ ἔχοντα καλήν

     non -⌣⌣-, ⌣-⌣-, -⌣⌣-, ⌣-ᵒ sed

     -⌣⌣, -⌣, -⌣, - | -⌣⌣, -⌣, -ᵒ,

eiusdem ἠρίστησα μὲν ἰτρίου λεπτοῦ μικρὸν ἀποκλάς

     non -ᵒ, -⌣⌣-, ⌣- | -ᵒ, -⌣⌣-, - sed

     -ᵒ, -⌣⌣, -⌣, - | -⌣, -⌣⌣, -ᵒ,

porro hos non choriambicos sed choriambicologaoedicos

Anacr. δακρυόεσσάν τ᾽ ἐφίλησεν αἰχμάν

     non -⌣⌣-, -⌣⌣-, ⌣-⌣ sed

     -⌣⌣- | -⌣⌣-⌣-ᵒ

Sapph. δεῦτέ νυν ἄβραι Χάριτες καλλίκομοί τε Μοῖσαι

     non -⌣⌣-, -⌣⌣-, -⌣⌣-, ⌣-ᵒ sed

     -⌣⌣-, -⌣⌣- | -⌣⌣-⌣-ᵒ

Nullus enim in his tumultus, nulla ira, non laetitia profusa. — Qua mensura vides non paucos illorum ὁμοιοειδῶν
versuum, qui placuerant Hephaestioni propter immixtos
diiambos, plane tolli; nam desinunt et hae syllabae fini
adiectae ⌣-ᵒ esse iambica dipodia catalectica pro choriambo
catalectico posita, et hae in medio positae ⌣-⌣- dipodia acatalecta iambica. Iam igitur qui brachycatalecti fuere, velut

   τέγγε πλεύμονα ϝοίνῳ · τὸ γὰρ ἄστρον περιτέλλεται

     -ᵒ, -⌣⌣-, -⌣⌣-, -⌣⌣-, ⌣-

fiunt catalectici sic

     . . . . -⌣⌣, -⌣,

non cum eurhythmiae damno, cum nimis abrupte sonent
brachycatalecti. — Sed cum profectus ab argumento carminum hos versus, quibus deest vehementia choriamborum
propria, choriambicos esse negem malimque esse logaoedicos vel choriambicologaoedicos, pugnabunt mecum ei, qui
negant his versibus hanc vim inesse oportere. Nam sunt
qui doceant iambis trochaeisque inmixtis vehementiam
numeri non paulum minui, velut in eupolideo (Christ. Metr.
§ 544.)

$$- \cup - \cup \mid - \cup \cup - \mid - \cup \cup - \mid - \cup -$$

quod logaoedicum censeo

$$- \cup - \cup, - \cup \cup, - \mid - \cup - \cup - \cup -$$

et in aliis. Quid? usurpant poetae numerum acrem, vehe-
mentem, turbulentum; cuius vim si minuunt in unoquoque
versu nonne circuitu aliquo ad id quod voluerant, molliorem
dico numerum, pervenisse videntur? Non fuit facilius
statim sumere metrum, cuius incitationi non iam eis erat
moderandum, logaoedicum dico admodum tritum antiquitus
et cuius poterant augere vim adiectis choriambis?

5. Sed explicandum qui potuerit fieri ut choriambus
immisceretur logaoedis quos supra attuli

$$(\cdot \cdot) - \cup - \cup \mid - \cup \cup, - \cup, - \cup$$
$$(\cdot \cdot) - \cup - \cup \mid - \cup - \cup \mid - \cup \cup, - \cup, - \cup.$$

Quam quaestionem iam Voss absolvit cum in choriambo
dactylos videret latere, qui quidem et in logaoedicis occurrunt. *Coniungitur ergo cum logaoedicis choriambus non pes
diversi sed eiusdem generis.* — Post vero Vossium Apelius
dactylum versuum logaoedicorum κύκλιον [25]) quem vocant
esse invenit. Sequebatur ut choriambus constaret cycliis
duobus dactylis propter ipsam logaoedicorum et choriamborum crebram coniunctionem. Cuius rei Christius si quid
video primus attulit testem antiquum. Dicit enim schol.

---

[25]) docet Dion. Hal. de comp. verb. c. 17. a rhythmicis μακρὰν
βραχυτέραν τῆς πελείας nominari ἄλογον et pedes anapaesticos quibus
sit talis syllaba, κύκλους.

B. Heph. p. 135.11 (Hörschelmann., progr. Dorp. p. 29.)
in enumeratione pedum ὄγδοος ὁ χορίαμβος .... ὁ καὶ
κύκλιος ἢ ὑποβάκχειος ἢ καὶ βαχχεῖος κατὰ τροχαῖον. Hic
latere rhythmicorum doctrinae vestigium ex eo apparet,
quod nomina βαχχεῖος κατὰ τροχαῖον, δάκτυλος κατὰ βαχχεῖον
alia huius formae sunt συμπλεκόντων: vide Ar. Quint. 38.
W. (I²) et cf. Westphal. Aristox. p. 141. Denique adde
anonynum in anall. gramm. ed. Keil. Hal. 1848. p. 10.,
Georg. Choer. in Studem. anall. I. p. 62., anon. Ambros.
ibid. 228.11. — Aliud dactylicae originis testimonium in-
dagasse mihi videor apud Aphthon. p. 42.7., qui locus est
de genere pari duplici sescupli. Ubi exstant haec: „nam
dactylus aequa temporum divisione taxatur, ut et ana-
paestus .... idem fiet in dipodia facta coniugatione binum
pedum per choriambum et antispastum, quia quantum in
sublatione habet, tandundem in positione, et idem apud
Graecos ἴσος ῥυθμὸς id est aequalis dicitur". Locum de-
scriptum esse ex rhythmica quodam arte vel argumento
apparet. Tamen inde non omnia originem petivere; nam
vocabula „et antispastus" vel ipse Aphthonis addidit vel
nescioquis alius, quas voluit partes agere hunc pedem
choriambo oppositum, v. p. 87., 26 sqq. His vocibus duobus
deletis, quid iam restat? Choriambus qui alibi binum
pedum, i. c. trochaei et iambi, coniugatio esse dicitur, hic
est dipodia generis *paris*, dactylici scilicet, nam anapaestici
non potest esse! Nam si choriambum -- ⏑ | ⏑ - esse voluisset
Aphthonius, id quod alibi docet (p. 86.8.), quomodo dicere
potuit eum tantundem in positione, quantum in sublatione
habere? — Sed non est quod veterum testimoniis acquies-
camus, cum poetarum ipsorum versus comprobent rem.
Cum sit choriambus dipodia dactylica, dactyli autem non
inveniantur nisi in. dactylicis vel logaoedicis versibus,
choriambici quoque versus sunt dactylici vel logaoedici.
Quam ratiocinationem confirmant, ut modo dixi, carmina.
Invenitur choriambus in dactylicis puris qui et ipsi sunt

pars logaoedici carminis, plurimum in fine versus positus, velut Eur. Bacch. v. 116.

‿ ‿ ‑ ‿ ‑ ‿ ‑ ‿ ‑

εἰς ὄρος εἰς ὄρος ἔνθα μένει

cf. Ai. v. 378., Trach. v. 115., Alc. v. 588. sqq., Bacch. v. 115., El. v. 452., J. A. v. 1042., Thesm. v. 115. (Numeri sunt ubique Dindorfianae ed. quintae.) Sed hoc liceat omittere. *Ceteri omnes choriambi partes sunt vel versuum vel carminum logaoedicorum*, exceptis perpaucis eis, quos ionici sequuntur, de quibus infra agam[26]). Plerumque et praecedunt logaoedici versus et sequuntur. Sed ibi quoque ubi praecedunt iambi, id quod raro fit, quin logaoedici sint choriambi non est dubium. Velut Spt. v. 915. est

‿ ‿ ‑ — ‑ ‿ ‑ ‿ ‑, et sequitur hic versus

‿ ‑ ‑ ‿ ‿ ‑ ‑ ‿ ‿ ‑ ‿ cum uno choriambo sed logaoedicus
                        et ipse;

Choeph. 53., ubi praecedunt

‿ ‑ ‿ ‿ ‿ ‿ ‑ ‿ ‑ ‿
‿ — ‑ ‿ ‑ ‿ ‑ ‿ ‑ ‑
‑ ‿ ‑ ‿ ‑ ‿ — ‑ ‿ ‑ ‿ ‑
‿ ‑ ‿ ‑ ‿ ‑ ‿ ‑ ‿ ‑ ‿
‿ ‑ ‿ ‑ ‿ ‑ ‿ ‑
‿ ‑ ‿ ‑ ‿ ‑ ‿ ‑
‿ ‑ ‿ ‑ ‿ ‑ ‿ ‑

hic quoque

---

[26]) Praeterea excipiendi sunt Plauti choriambi cum creticis coniuncti velut Bacch. v. 625.

perdidi me atque opera Crusali,

quem Ribbeck me docuit dimetiendum esse (cf. Christ. § 457.)

‑ ‿ ‑, ‑ ‿ ‿ ‑, ‑ ‿ ‑;

cf. Curc. 301. tū crŏcĭnom ēt (quem versum volunt Götz et Schöll. esse tu crocinum et casias tu telinum ‑ ‿ ‿, ‑ ‿ ‿, ‑ | ‿ ‑ ‿ ‿) Trin. 300. pēctŏrĕ cōn(sident) (ubi anapp. sec. Götz-Schöll.) Hunc choriambum natum esse censeas ex cretico sic

‑ ‿ ‑ | Sed a Plauti versibus profectus nemo credo volet lucem afferre
‑ ‿ ‑ | Graecis. (De ceteris Plauti chor. cf. p. 78./9. et indicem metror.
‑ ‿ ‿ ‑ | ed. Götz-Schöll.)

ὀνόφοι καλίπτουσι δόμους ‑, ‑‑, —, ‑‑‑, ‑

coniunctus est cum sequente logaoedico

‑‑, ‑‑‑, ‑‑

δεσπότων θανάτοισιν[27]).

Sed quaeret a me quispiam, quo iure hos ipsos versus
dicam esse logaoedicos non eos dimensus choriambice

‑‑, ‑‑‑‑, ‑‑‑‑, ‑‑‑ Spt. 916.

‑‑, ‑‑‑‑, ‑   Choeph. 54.

cum lis de eis iam pendeat? Sed statim res comproba-
bitur. Non solum enim supra doctrinam quae est de iambica clausula ‑‑‑, labefactavimus; sed etiam sunt versus,
quibus eam plane falsam esse demonstratur. Nam formarum, quae visae erant purae choriambicae extant formae
cognatae aperte non choriambicae, sed choriambologaoe-
dicae, quibus non nihil illustratur mensura illorum. Velut
ubi haereas dimetiarisne versum Simonidis (17.[2] Hiller)

μηδ' ἄνδρα ἰδὼν ὄλβιον ὅσσον χρόνον ἔσσεται

sic ‑, ‑‑‑‑, ‑‑‑‑, ‑‑‑‑, ‑‑ an sic

‑, ‑‑‑, —, ‑‑‑, —, ‑‑‑, ‑‑, ‑

conferas praecedentem

ἄνθρωπος ἐὼν μήποτε φάσῃς ὅτι γίνεται αὔριον

‑, ‑‑‑, —, ‑‑‑, —, ‑‑‑ ‑‑‑‑‑

cuius clausula nequaquam patitur mensuram choriambicam[28]). Huius generis monochoriambica exempla praesertim ex Pindari epiniciis petas. Et versus breviores

‑‑‑ ‑‑ ‑‑

tam saepe cum logaoedicis *πρὸς δύο τρισὶ τέτταρσι* coniunguntur, ut quin ipsi non sint choriambici sed logaoedici *πρὸς ἑνὶ* non sit dubium, nisi forte quis concinnitati
rhythmorum perturbationem praefert. Denique hoc monendum, longas choriambi fere non solvi ut par est dactylo.

---

[27]) Cretici qui videntur esse ante choriambos Ant. v. 188. *εἶχε*
δ' ἄλλᾳ τὰ μὲν vide ne sint trochaei ‑‑ ‑‑ ‑‑ ‑‑ ‑‑ (cf. Rossbach[3] III,
?. p 733), cum sit omnis stropha logaoedica.

[28]) cf. Christ. § 529.

6. Apelio et Gleditschio duo genera choriamborum esse visa sunt, dactylicorum scil. catalecticorum et proprie choriambicorum. Medium igitur tenent inter veteres et Vossianos. Quorum improbo doctrinam. cf. p. 98. Tragicorum versus choriambicos si cum lyricorum versibus conferas, — nam proprie choriambi obvii videntur esse apud tragicos Gleditschio —, et easdem formas invenies, quae quin item choriambicologaoedicae sint ne Gleditsch quidem negat, et alias nempe copia formarum aucta posterioribus temporibus. Novae autem formae non genere, sed mero choriamborum numero differunt a lyricorum. Nam eadem clausula additur, ferme et praemittitur basis vel anacrusis. — Cuius rei sunt paucae exceptiones, eos dico potissimum versus, qui carent clausula logaoedica, ut dimetra

Ai. 1200. οὔτε βαθειᾶν κυλίκων, trimetra

A. Su. v. 57. εἴ τε κυρεῖ τις πέλας οἰωνοπόλων

Sed videntur hi excipiendi esse, non sunt. Nam nusquam invenies tales versus in fine strophae collocatos, sed semper sequuntur alii versus. Et fortasse hi ipsi versus non sunt dimetiendi

$$-\smile\smile-\smile\smile-\smile\smile-\smile\smile$$

$$-\smile\smile-\smile\smile-\smile\smile-\smile\smile-\smile\smile-\smile\smile$$

(ubi syllabarum notis supra lineam scriptis volo notatas esse syllabas catalexi quae intercidere) sed uno vel duobus choriambis cum clausula logaoedica

$$-\smile\smile-\smile\smile-\smile\smile-\smile$$

$$-\smile\smile-\smile\smile-\smile\smile-\smile\smile-\smile\smile-\smile.$$

7. Saepius enim iure quaerat quispiam, sintne syllabae $-\smile\smile-$ revera ortae ex $-\smile\smile\smile$ an ex $-\smile\smile-$. Velut Sept. v. 735. αὐτοδάικτοι θάνωσιν et potest ex hac natus forma logaoedica esse $-\smile\smile-\smile\smile-\smile\smile$ et hac $-\smile\smile-\smile-\smile\smile$; nec non versus δεῦτέ νυν ἁβραὶ Χάριτες καλλίκομοί τε Μοῖσαι potest esse $-\smile\smile-\smile\smile-\smile\smile-\smile\smile-\smile\smile-\smile\smile$ logaoedicus πρὸς πέντε δακτύλοις, et dividi in duo cola

logaoedica, quorum alterum est πρὸς τρισὶν alter πρὸς ἑνὶ

‒◡◡‒◡◡‒◡◡‒◡ | ‒◡◡‒◡◡;

denique ubi sex vel septem choriambi coniuncti sunt, monemur ipsa recitandi difficultate, ut in cola dividamus versum velut

μάντις ἔκλαγξεν προφέρων
Ἄρτεμιν ὥστε χϑόνα βάκ-
τροις ἐπικρούσαντας Ἀτρεί-
δας δάκρυ μὴ κατασχεῖν

Quo facto haereas, sitne cola talia

‒◡◡‒◡◡‒◡◡‒◡◡   an talia ‒◡◡‒◡◡‒◡◡‒◡
‒◡◡‒◡◡‒◡◡‒◡◡   ‒◡◡‒◡◡‒◡◡‒◡
‒◡◡‒◡◡‒◡◡‒◡◡   ‒◡◡‒◡◡‒◡◡‒◡
‒◡◡‒◡‒◡‒◡   ‒◡◡‒◡‒◡‒◡

Hoc si fit, secundus quisque pes non iam est choriambus. Et re vera non dactylo sed trochaeo catalectico haec cola ‒◡◡‒ ‒◡◡‒

◡‒◡‒‒◡◡‒

similia claudi eam ob rem est versimile, quod inveniuntur similes versus longiores, in quibus statim additur syllaba brevis ut fiat trochaeus

rau. v. 204. ◡|‒◡, —, ‒◡◡‒◡‒‒

φϑεγξώμεϑ᾽ εὔγηρυν ἐμὰν ἀοιδὰν

Or. vv. 807. sqq.

ὁ μέγας ὄλβος ἅ τ᾽ ἀρετὰ   ◡◡‒◡‒‒◡◡‒
μέγα φρονοῦσ᾽ ἀν᾽ Ἑλλάδα καὶ   ◡◡‒◡‒‒◡◡‒
παρὰ Σιμουντίοις ὀχετοῖς   ◡◡‒◡‒‒◡◡‒

quos sequuntur hi

πάλιν ἀνῆλϑ᾽ ἐξ εὐτυχίας Ἀτρείδαις ◡◡‒◡‒‒◡◡‒◡◡‒
πάλαι παλαιᾶς ἀπὸ συμφορᾶς δόμων ◡‒◡—‒◡◡‒◡‒◡

cf. Hf. v. 764. Hel. 1451. Et reminiscere perraro in fine versus dactylicos catalecticos inveniri. — Sed videamus num quid pertineat ad rhythmum haec dipodiae dactylicae catalecticae et dactylotrochaicae catalecticae distinctio. Idem valet in logaoedicis trochaeus atque dactylus, cum hic sit trium temporum non quattuor[29]). Est igitur trochaei *χρόνος πρῶτος*, ubi tria tempora dividuntur inter tres numeros, = 1 vel $\frac{4}{4}$, contra dactyli cyclii, ubi tria tempora dividuntur inter quattuor, $\frac{3}{4}$[30]). Sequitur ut sit

−⏑⏑−⏑⏑ vel idem catalectica

−⏑⏑−ᵕᵕ, ubi ultima longa tenditur ad integri dactyli spatium *τονῇ*,

$\underbrace{\frac{3}{4}.2+\frac{3}{4}+\frac{3}{4}}+\underbrace{\frac{3}{4}.2+\frac{3}{4}+\frac{3}{4}} = 6$ *χρόνοι πρῶτοι*,

sed idem

−⏑⏑−⏑ vel

−⏑⏑−ᵕ

$\underbrace{\frac{3}{4}.2+\frac{3}{4}+\frac{3}{4}}+\underbrace{\frac{4}{4}.2+\frac{4}{4}} = 6$ *χρόνοι πρῶτοι*.

Cum igitur idem valeant −⏑⏑−ᵕᵕ et −⏑⏑−ᵕ rhythmice, ***e re videtur non solum dactylicam dipodiam sed etiam dactylum cyclium coniunctum cum trochaeo catalectico numerare in choriambis.*** Nam −⏑⏑− sive est ortum e −⏑⏑−⏑⏑ sive e −⏑⏑−⏑ certo est sex temporum. — Sed monet Christ nos nescire, valeatne secunda choriambi e −⏑⏑−⏑⏑ nati longa idem atque praecedens dactylus cyclius, id quod supra posui. Maluit eam appellare *μακρὰν μείζονα* de eius spatio accuratiore quaestione non instituta. Neque mihi talis quaestio absolvi posse videtur nisi modis musicis cantuque qui aderant carminibus, cognitis. Sed ne operae quidem pretium est eam absolvere quaestionem. Nam licet intersit aliquid inter *μακρὰν μείζονα* catalexi duarum et inter *μακρὰν μείζονα* catalexi unius syllabae ortas: multum sane non interest, immo tantulum quantum nobis licet neglegere. Quam ob rem et hanc −⏑⏑−ᵕᵕ et hanc −⏑⏑−ᵕ formam nomino choriambicam. Sex vero illa tempora quae sunt huic choriambo cum sex temporibus moneo ne con-

---

29) vel cum uterque sit trium et dimidii temporum; sed et hoc modo infra ad idem duceris.

30) Apelius et Bellermann maluerunt certius definire spatia dactyli cyclii sic $\underline{1\frac{1}{2}} + \frac{1}{2} + 1$.

fundas, quae voluere grammatici choriambo esse neque
catalexeos habita ratione neque dactyli cyclii, sed con-
summatis χρόνοις πρώτοις binum longarum et binum brevium 2112.

8. Absoluta de indole et vi choriambi quaestione agam
de finibus vocabulorum cum finibus pedum congruentibus,
qua re imprimis nititur Christ in ionicis choriambicis discernendis. Censet antem hunc versum

Κρονίδα βασιλῆος γένος Αἴαν τὸν ἄριστον πεδ᾽ Ἀχιλλέα

esse ionicum, cum fines verborum congruant cum pedum
ionice diviso versu

◡◡— | ◡◡— - | ◡◡— - | ◡◡— - | ◡◡— - |

non congruant choriambice

◡◡ | —◡◡- | —◡◡- | —◡◡- | —◡◡- | -; contra hos choriam-
bicos

Sapph.fr.76.H. εὖ | μορφοτέρα | Μνασιδίκα | τᾶς ἀπαλᾶς | Γυρινῶς

frg. 54.H. Κρῆσ | σαί νύ ποτ᾽ ὦδ᾽ | ἐμμελέως | πόδεσσι

ὦρ᾽ | χεῦντ᾽ ἀπάλοις | ἀμφ᾽ ἐρόεν- | τα βωμόν

πό | ας τέρεν ἄν- | θος μαλακὸν | ματαῖσαι

A. Spt. v. 324. ὑπ᾽ | ἀνδρὸς Ἀχαι- | οῦ θεόθεν | περθομέναν | ἀτίμως

S. Trach. v. 849. ἁ | δ᾽ ἐρχομένα | μοῖρα προφαί | νει δολίαν | καὶ μεγά-
λαν | ἄταν

S. OR. v. 489. ἦ | τῷ Πολύβου | νεῖκος ἔκειτ᾽ | οὔτε πάροι- | θεν ποτ᾽
ἔγωγ᾽ | οὔτε τανῦν | πω

S. El. v. 833. εἰ | τῶν φανερῶς | οἰχομένων | εἰς Ἀΐδαν | ἐλπίδ᾽ ὑποί- |
-σεις κατ᾽ ἐμοῦ | τακομένας | μᾶλλον ἐπεμ- | βάσει

Sed ponit Christius poetas re vera id studuisse, ut con-
gruerent fines pedis et vocabuli. Quod non fecere. Vide
Ag. 202.

μάντις ἔκλαγ | ξεν προφέρων | παυσανέμου | γὰρ θυσίας |
Ἄρτεμιν, ὥς | τε χθόνα βάκ- | παρθενίου | θ᾽ αἵματος (αὐ- |
τροις ἐπικρού | σαντας Ἀτρεί- | δᾶ περιόρ | γως) ἐπιθυ | -
δας δάκρυ μὴ κατασχεῖν.   μεῖν θέμις; εὖ γὰρ εἴη.

ubi in duodecim choriambis septies non clauditur pes una
cum vocabulo. Usum poetarum hac in re ut noscerem, di-

numeravi quotcunque potui choriambos certos. Qua in re
visum non est meras caesuras numerare, in quibus con-
gruebant fines vocabulorum pedumque; sed ut esset vocabulum vere choriambicum, necesse est visum *neque initium*
neque finem choriambi indicere in medium vocabulum, ita
ut utrobique ut ita dicam claudatur vocabulum. Sic re
instituta plane aliud efficitur. Velut e his Callimachi versuum
ἀ ναῦς [] ἀ τὸ μόνον | φέγγος ἐμὶν | τὸ γλυκὺ τᾶς | ζοᾶς
ἄρπα [] ξας · ποτί τε | Ζανὸς ἰκνεῦ | μαι λιμενο- | σκόπου
sex choriambis (nam sic dividendos esse versus

‒‒, ‒⌣⌣‒, ‒⌣⌣‒, ‒⌣⌣‒, ⌣‒

infra exponam) tres utrimque clausi sunt, et est fractura ⅜;
illa vera ratione, ex qua merae caesurae numerantur, habes
fracturam ⅜. Porro ubique vocabulum et pedem finita esse
censui, ubi res erat de commissura compositi vocabuli velut
εὐ | υμνότατοι, de compage augmenti vel reduplicationis et
verbi ipsius (ἔ | κρινα, βέ | βριθα); contra locos, ubi finis pedis
erat in medio nomine proprio ('Ομή | ρειον), neutri generi,
nec clausis nec non clausis adscripsi. Pariter atque de
nominibus propriis de quattuor compluriumque syllabarum
vocabulis minus severas leges valere notum; sed hoc omisi
ne spinosior esset quaestio.

Hoc modo progressus inveni

e	58	Alcaei	choriambis	18
e	51	Sapphus	„	26
e	31	Anacreontis	„	14
e	87	Aeschyli	„	39
e	207	Sophoclis	„	97
e	146	Euripidis	„	48
e	115	Aristophanis	„	55
e	695		choriambis	297 utrimque clausos.

Vides circiter dimidium omnium choriamborum utrimque
esse clausos; ne dimidium quidem patitur caesuram geminam apud Pindarum; de Alexandrinorum versibus v.
infra. — Adamant igitur poetae optimi pedem explere una

7

vel compluribus vocibus; non semper hoc faciebant. Quam ob rem choriambicae mensurae idonea finium vocum et pedum congruentia; tamen ubi non invenitur, non est necesse eam ob rem non sint choriambici versus. Quam ob rem de Sapphus versibus me agentem non plus dare huic argumento infra videbis. Imprimis autem favent choriambicae mensurae haec: primum cum pes choriambicus expleatur una voce choriambica ut $\bar{\pi}\breve{\alpha}\nu\acute{\sigma}\alpha\nu\varepsilon\mu o\nu$; sic respondent I. A. 1045.—1067. $A\breve{\iota}\alpha\varkappa\acute{\iota}\delta\alpha\nu$-$M\bar{v}\varrho\mu\breve{\iota}\delta o\nu\omega\nu$; posterioribus temporibus hunc usum increbuisse facile intelliget qui quamvis obiter Alexandrinorum et Horatii carmina choriambica conferet cum lyricorum versibus; — deinde cum caesura fiat post alterum quemque pedem, quam caesuram ut ponerent magis studuisse poetae videntur quam ut finis uniuscuiusque pedis idem esset atque vocabuli. Inveni in

Aeschyli	38	versibus	26[ies]	
Sophoclis	67	versibus	36[ies]	caesuram post binos
Euripidis	39	versibus	27[ies]	pedes positam.
Aristophanis	22	versibus	16[ies]	
	166		105	

Hic denuo habeo, quo falsam esse demonstrem illam doctrinam qua statuuntur duo choriamborum genera, dactylicum et proprie choriambicum, $-\smile\smile$, $-$ et $-\smile\smile-$. Nam si essent, tuo iure posueris dactylicos non esse utrimque finitos — ubi enim haec de dactylicis vel logaoedicis lex? —, sed choriambos veros. Sed in eis quoque versibus, quos id genus choriambicis constare potissimum censueris, saepius divellitur vocabulum in fine pedis; v. Spt. v. 919. $\varphi\lambda o\gamma\alpha|\vartheta\dot\eta\varsigma$, v. 929. $\alpha\dot{v}|\tau\bar\alpha\varsigma$, $\alpha\dot{v}|\tau\bar\alpha$, $\dot\varepsilon\tau\varepsilon\lambda\varepsilon\dot{v}|\tau\alpha\sigma\alpha\nu$, Su. 545. $\alpha\breve{\iota}|\sigma\alpha$ $\delta\iota\alpha\tau\acute\varepsilon\mu|\nu o\nu\sigma\alpha$, v. 554. $\beta\alpha\vartheta v\varkappa\lambda o\dot{v}|\tau o\nu$, Ag. 202. (supra exscripsi) OC. v. 510. $\ddot{\eta}|\delta\eta$, v. 521. $\ddot{\eta}|\nu\varepsilon\gamma\varkappa o\nu$, El. v. 832. $\dot{v}\pi o\acute{\iota}|\sigma\varepsilon\iota\varsigma$, v. 836. $\varkappa\varrho v|\varphi\vartheta\acute\varepsilon\nu\tau\alpha$ Alc. 984. $\dot\alpha\varphi\acute{v}|\varkappa\tau o\iota\sigma\iota$ alios.

Denique moneo ne in vitium incidat, qui dinumerabit

asclepiadeos maiores similesque versus. Quos dimetiri licet primo aspectu tripliciter:

a b c

–⏑, –⏑⏑–, –⏑⏑–, –⏑⏑–, ⏑– basis, 3 choriambi, diiamb. brachycat.
––, –⏑⏑–, –⏑⏑–, –⏑⏑, –⏑, – pherecr. praemissis basi et 2 choriamb.
––, –⏑⏑, – | –⏑⏑, – | –⏑⏑, –⏑, – pherec. II., choriambus, pherecr. I.

Vides choriambum b ubique manere, cum de primo et novissimo sit controversia. Ab eis vero pedibus, qui quin choriambi sint non est dubium, proficiscendum est in dinumeratione; nam nisi antea certos choriambos utrimque clausos esse a poeta de quo agitur, erit demonstratum, non licebit quidquam argumenti de incertis petere a caesuris geminis. Horatius igitur ex. c. choriambum b semper explevit vel uno vel compluribus vocabulis caesura ante et post cum facta, velut vĭtĕ prĭūs, Tībŭrĭs ēt dĭffŭgĭūnt, prōdĭgă pēr|lūcĭdĭōr. Sed ne credas Venusinum in hoc pede Alexandrinorum de quo infra dicetur morem secutum si a et c et ipsos choriambicos voluisset esse pedes, ne ibi quidem fracturam ut ita dicam vocabulorum esse admissurum; quod cum non fecerit, — nam in 32 versibus (I. 11. 18. IV. 10.)
choriambus a 15^{ies} (bis in nomine proprio) } passus est
„ c 16^{ies} (sexies in nomine proprio) } fracturam —
non item primam ultimamque partem versus esse choriambicam, sed logaoedicam

––, –⏑⏑, – | –⏑⏑– | –⏑⏑, –⏑, –.

Quid enim, si Horatius illas incisiones, quae sunt post a et ante c, non eas esse voluit, quibus vocabulum choriambicum segregaretur ab aliis, sed caesuras quas proprie dicimus, quibus versus quasi fulciter parvis interiectis ad respirandum pausis? Potest igitur Horatius ante et post b choriambum vocabula finivisse cum non pedem choriambicum vocabulo explendum esse censeret. Sic si res se haberet, nihil inde lucraremur. Neque quomodo se habeat diiudicari posse mihi videtur.

9. Gravissimum porro est in discernendis versibus argumentum, quo vetamur cohaerentia, velut praepositionem vel

articulum et nomen divellere, et iubemur rationem habere
interpunctionum imprimis graviorum. Huc referenda vocabula
in finibus versuum collocata quae cum saepius non sint integra putandum est versum recte non esse divisum. Velut vide
quomodo Sept. v. 703. sqq. K. se habeant choriambice quomodo ionice divisi:

πέφριχα τὰν ὠλεσίοι- πέφριχα τὰν ὠλεσίοικον
κον| θεὸν οὐ θεοῖς ὁμοί- θεὸν οὐ θεοῖς ὁμοίαν
αν| παναληθῆ κακόμαν- παναληθῆ κακόμαντιν
τιν| πατρὸς εὐκταίαν Ἐρι- πατρὸς εὐκταίαν Ἐρινὺν
νὺν| τελέσαι τὰς περιθύ- τελέσαι τὰς περιθύμους
μους| καταρὰς Οἰδιπόδα κτλ. καταρὰς Οἰδιπόδα κτλ.

10. Contra ne plus tribuamus cavendum eis qui contendunt versus choriambicos vicinos ionicis eam ob ipsam
rem esse non vere choriambicos, sed ionicos cum anacrusi.
Nam non fuit adhuc qui demonstraret ionicos choriambicosque versus non vicinum tenere locum; velut vide Bacch.
370. sqq. Tamen concedo hoc raro fieri, et versus quos
affert ex. c. Christ § 550., plerumque huc non cadunt. Nam
ubi non est, cur mutetur numerus, imprimis ubi, id quod
saepius fit, unus vel duo versus huius formae

coniunguntur cum logaoedicis, eos non ionicos cum anaclasi

censui, sed trochaico-logaoedicos cum basi pyrrhichia

ratus anaclasin non posse admitti nisi ubi vicinis puris
ionicis rhythmus fiat dilucidus. Velut v. Thesm. v. 352. sqq.

ubi interiecti versiculi ionici 355.
nulla cognoscitur causa. Aliud
exemplum est Rhes. 364. Monui
355 expressis verbis mihi hos versus
videri logaoedicos, quod hac mensura probata multo minuitur numerus choriamborum cum ionicis
κτλ. coniunctorum. — Tamen hi ipsi

versiculi dubito an ionice sint dimetiendi in dactyloepitritorum vicinia. Quorum exemplum extat vesp. v. 273. sqq., ubi cinguntur ionicis versibus logaoedi admixtis dactyloepitritis. Nam et v. 273. et versus antistrophae 282.

τί ποτ' οὐ πρὸ θυρῶν φαίνετ' ἄρ' ἡμῖν ὁ γέρων οὐδ' ὑπακούει; τάχα δ' ἂν διὰ τὸν χθιζινὸν ἄνθρωπον ὃς ἡμᾶς διέδυ πως;

pro argumento tantum absunt a choriambico rhythmo quantum abesse videntur vv. 280./1.—289./90 a logaoedico:

λίθον ἔψεις ἔλεγεν   ὃν ὅπως ἐγχυτρεῖς (⌣⌣,⌣́⌣,⌣⌣⌣,⌣́)
ἴπαγ' ὦ παῖ ὕπαγε   ὕπαγ' ὦ παῖ ὕπαγε ⌣----, ⌣⌣-

Adde quod sequens stropha ionici est numeri, ita ut optime coniungantur prior antistropha et sequens stropha ionicis illius novissimis versibus.

11. Ictu iubet niti in discernendis ionicis et choriambicis Godofredus Hermannus. Nam ubi versus sint ionici a minore, priori binum longarum esse ictum principalem, ubi sint choriambici, posteriori

⌣⌣-́-⌣⌣-́-⌣⌣-́-

-́⌣⌣-́-⌣⌣-́-⌣⌣-́ , v. El. d. m. p. 494.

Iam si ictus dandus erit ionice divisis versibus vocabulo levi, ut praepositioni, articulo, inde mensuram falsam esse facile conicias. Sed alii dissentiunt ab Hermanno et ictum principalem malunt esse in altera longarum, cum medium teneant et Christ, qui solere hos ictus esse censeat -́⌣⌣-́, sequentibus autem ionicis hos -́⌣⌣-́, et Gleditsch 544. Nos hoc reputemus choriambum non esse pedem singularem, sed constare duobus pedibus dactylicis. Quorum alterum cur dignum habeamus ictu fortiore, non est, quantum video. Quam ob rem in versu

ὁ Δάλιος εὔγνωστος ⌣ -⌣⌣,- -⌣⌣

syllabae εὐ - maius *spatium* facile concedam, non *ictum* imparem ictui syllabae Δα -. Tamen alia res videtur fuisse continuatis choriambis, quibus sane ne ipsis quidem fiunt singuli pedes loco compositorum, sed videntur fier ciontinuatione. Ubi re vera ictus ⏑‿⏑⏑‿ fuisse censeo collatis his locis, ubi ‿⏑⏑‿ ictus falsos esse cum incidant in verba leviora, facile perspicitur: Ae. Su. v. 59. δοξάσει τις ἀκούειν ὄπα τῆς Τηρείας

ant. ξυντίθησι δὲ παιδὸς μόρον ὡς αὐτοφόνως ubi ineptum est aliquo enuntiare impetu vocabula τῆς, ὡς; Ag. 202. μάντις ἔκλαγξεν προφέρων Ἀρτεμιν, ὡς ubi res est de Diana; et similiter res se habet in antistrophae vocabulo παυσανέμου,

S. El. v. 832. ποῦ ποτε κεραυνοὶ Διὸς ἢ ποῦ φαέθων Ἥλιος, εἰ Phil. v. 882. ἄλλον οὔτιν' ἐγωγ' οἶδα κλύων Tamen his locis non tribuerim vim maiorem, cum sint alii alterius generis, velut

S. El. v. 488. ἥξει καὶ πολύπους καὶ πολυχεὶρ ἁ δεινοῖς

‿‿ ⏑‿⏑⏑‿ ⏑‿⏑⏑‿ ‿‿‿

Sed accedit alterum; consentaneum enim est in numero descendente logaoedico, cuius pars choriambi sunt, his quoque numerum descendentem fuisse ⏑‿⏑⏑‿, quotiens fuerant continuati; imprimis non possunt fuisse ictus ‿⏑⏑‿ ubi additur clausula descendens ‿‿‿‿⏑‿⏑. Neque numerus descendens abiudicandus videtur esse a choriambis quos sequuntur ionici; nonne enim transitus ad illos fit tunc quoque, cum ictus sint ⏑‿⏑⏑‿, simodo altera ultimi choriambi longa tenditur ultra spatium quod eius est proprium? Sed hoc liceat iniudicatum relinquere.

12. Iam venio ad diiambi et ditrochaei cum choriambo cognationem vel commutationem, de qua quid grammatici sentirent exposui primo dissertationis capite. Censebant autem ut quae ibi exemplis illustravi, hic repetam paucis, diiambum esse cum choriambis μιχτὸν κατὰ συμπάθειαν, ditrochaeum κατ' ἀντιπάθειαν. Recentioribus porro non solum coniungi diiambus visus est cum choriambo sed etiam commutari collatis nonnullis Anacreontis et Aristophanis locis. De his et de commutatione neque in enchiridio Hephaestionis neque alibi legitur quidquam; sed quin

veteres ab eis sint progressi, dubium non est cum aliter
quomodo factum sit ut versum

— ᴗ ᴗ —, ᴗ — ᴗ —, — ᴗ ᴗ —, ᴗ — ᴗ

choriambicum putarent intellegi non possit. — Contra ab
Apelio meminerint qui legent hanc mutationem prorsus
esse negatam; idem cum Boeckhio syllabas fini adiectas
ᴗ — ᴗ non diiambum catalecticam esse cognoverat. Quae
vero O. Meissner de diiambo choriambis praemisso protulit philol. v. X., supra data opera omisi; nam aperte
sunt falsa; qua de re consule Christ § 545. et Westphal
³1 praef. p. XXXI.

Qua pro dissensione virorum doctorum antequam quid
valeat in discernendis versibus illa commutatio, considere-
mus, num omnino sit perquirendum. Vidimus supra choriambum partem esse logaoedici versus; item pars logaoedicorum versuum sunt trochaei vel praemissa his anacrusi
iambi. *Sequitur ut choriambus* non *coniungatur cum ditrochaeis (diiambis)* κατὰ συμπάθειαν vel κατ᾽ ἀντιπάθειαν
nescioquam, quam hariolantur veteres sed *quod pariter atque choriambis (di)trochaeus* ³¹) (*vel diiambus* ᴗ, — ᴗ, —) *pars
est logaoedici metri.* Velut apud Sophoclem in Philocteta
hi sunt versus

   εἴ σύ τὰν ἐμοὶ στυγερὰν   — ᴗ — ᴗ — ᴗ —

   Τρῳάδα γᾶν μ᾽ ἤλπισας ἄξειν   — ᴗ ᴗ — — ᴗ ᴗ — —

ubi cur tandem illud εἴ σύ τὰν ἐ — factus est ditrochaeus
ex choriambo? Nonne optime sine ulla anaclasi — quam
volunt hanc esse

— ᴗ — —   — ᴗ — —

ᴗ ᴗ — ᴗ — —   — ᴗ ᴗ ᴗ

ᴗ — ᴗ — —   — ᴗ — ᴗ —

se habet versus, quo ut augeatur impetus animi Philoctetae, aptissime describitur facto transitu a trochaeis ad

---

³¹) Vocis ditrochaei syllabam primam uncis inclusi, quod non
solum ditrochaei inveniuntur coniuncti cum choriambis, sed etiam
trochaei et aliae formae; v. infra.

dactylos -◡, -◡, -◡◡, -? Falsa doctrina nulla alia re est
orta nisi perversa illa tetrasyllaborum pedum divisione
-◡-◡, -◡-◡. Sed semper cavendum est ne hunc veterum
morem secuti duos trochaeos neve ipsum choriambicum
pedem qui bipartitus est, unum pedem censeamus. Rem
planam faciam exemplo e Lysistrata petito, ubi v. vv. 323. sqq.
Respondent vero inter se

ἀλλὰ φοβοῦμαι τόδε μῶν ὑστερόπους βοηϑῶ
ὡς πυρὶ χρὴ τὰς μυσαρὰς γυναῖκας ἀνϑρακεύειν.

Quos cave sic dividas tetrasyllabis pedibus statutis

$$-◡◡-, -◡◡-, -◡◡-, ◡-◡,$$
$$-◡◡-, -◡◡-, ◡-◡-, ◡-◡.$$

Hoc sane modo sibi respondent diiambus et choriambus,
nec logaoedica potet videri cuiquam prioris versus clausula
-◡◡, -◡, -◡. Nam propter ipsum respondentum diiambum
sibi videbantur cogi viri docti secundam clausulae longam
coniungere cum dactylo praecedente -◡◡-, ◡-◡. Sed res
falsa est vel eam ob causam, quod anaclasis eo quod supra
dixi modo non potuit nasci; nam longae dactyli non sol-
vuntur neque recte divellitur choriambus sic -◡ | ◡- ut
constet trochaeo et iambo. Rossbach vero nixus bipartito
choriambo, dactylico scilicet, primus non diiambum respondere choriambo

$$-◡◡-$$
◡-◡-, sed amphibrachyn dactylo respondere contendit
-◡◡, -
◡-◡, - integra relicta altera syllaba longa, cui sane nihil
commune cum dactylo priore. Iam commutatur hac re
tota quaestio. Nam illi Lysistratae versui non est choriambus in clausula catalectica hac

$$. . . . . -◡◡-, ◡-◡$$
$$. . . . . ◡-◡-, ◡-◡$$

sed est clausula logaoedica πρὸς ἑνὶ hac acatalecta

$$-◡◡ | -◡ | -◡$$

cuius dactylus commutatur cum amphibracho

$$◡-◡ | -◡ | -◡.$$

Non iam igitur e respondentibus his formis efficitur, esse

‒ ᴗ ‒ ᴗ ‒ ᴗ dividendum

‒ ᴗ ᴗ ‒, ‒ ᴗ ᴗ

sed utraque logaoedica tripodia ‒ ᴗ ᴗ ‒ ᴗ | ‒ ᴗ est πρὸς ἑνὶ

δακτύλῳ vel πρὸς ἑνὶ, ut ita dicam, ἀμφιβράχει. Aliud
exemplum esto carmen Anacr. 19. H. ubi tertius quisque
versus est iambicus ut

κίβδηλον εὑρίσκων βίον.

Qui cum logaoedicus esse non videretur, choriambice divisus est propter choriambos qui in initio versuum praece-
dentium leguntur

ᴗ ‒ ᴗ ‒, ᴗ ‒ ᴗ ‒
= ‒ ᴗ ᴗ ‒, ‒ ᴗ ᴗ ‒;

sequebatur ut plane eiusdem formae clausulae, quae sunt
ex. c. in vv. 1. et 2., et ipsae essent choriambicae, ut

πρὶν μὲν ἔχων βερβέριον, καλύμματ' ἐσφηκωμένα

‒ ᴗ ᴗ ‒, ‒ ᴗ ᴗ ‒, ᴗ ‒ ᴗ ‒, ᴗ ‒ ᴗ ‒

id quod fulciri visum est eis versibus, quibus tertia in sede est choriambus, ut v. 9.

κἀθελοπόρνοισιν ὁμιλέων ὁ πονηρὸς Ἀρτέμων

‒ ᴗ ᴗ ‒, ‒ ᴗ ᴗ ‒, ‒ ᴗ ᴗ ‒, ᴗ ‒ ᴗ ‒.

Sed Rossbachii mensura adhibita neque tertius quisque
versus est iambicochoriambicus, sed logaoedicus

ᴗ ‒ ᴗ, ‒ ᴗ ‒ ᴗ
‒ ᴗ ᴗ ·

neque est clausula iambicochoriambica, sed sic dimetienda

‒ ᴗ ᴗ ‒, ‒ ᴗ ᴗ ‒, ‒ ᴗ ᴗ, ‒ ᴗ ‒ ᴗ
ᴗ ‒ ᴗ

Vides hac doctrina grammaticorum sententiam plane labe-
fieri, neque iam, id quod nostra interest, esse illam responsionem diiambi et choriambi; qua re destituimur eo ad-
miniculo, quod principale fuisse Hermanno in versibus
discernendis supra dixi. — Tamen, si Rossbachium sequimur,
versus formae huius

ᴗ ‒ ᴗ ‒ ᴗ ‒ ᴗ ‒

Ἔρως ἀνίκατε μαχάν

qui saepissime inveniuntur, nihilominus sunt choriambici dimetri; nam commutato amphibracho in dactylum fit ‑◡◡‑ ‑◡◡‑. Qua in re ansam esse refutandae doctrinae, statim videbis; neque quae protulit ille ad rem confirmandam, mihi satisfaciunt. Nam provocavit ad vetustatem metri logaoedici, qua licentiam illam illustraret, et ad carminis Heiniani quod die Loreley inscribitur, versus aliquos, ubi simile aliquid reperitur, J. H. H. Schmidtium adversarium nisi fallor, hac in re tacens secutus; non falso sane; sed hoc argumentum sat languidum est, illo vero nixis nobis quaslibet licentias licet dare logaoedicis, cum ratione et via progredi nemini videamur. — Mihi vero a Gleditschio p. 753. potissimum instructo visi sunt versus qui incipiunt a diiambo ◡‑◡‑ ‑◡◡‑, sic dimetiendi esse, ut praecedat anacrusis, sequatur trochaeus et syllaba μακρὰ μείζων ◡, ‑◡, —, ‑◡◡, ‑. Quae mensura, logaoedica scil., vide ne unice vera sit pro natura logaoedica choriamborum. Nam solus convenit rhythmus descendens trochaicus ad descendentem dactylicum, cum ascendens iambicus cum dactylico coniunctus oleat arrhythmiam. Quae res dilucida fit imprimis solutis pedibus. Velut J. A. vv. 1137.—1169.

μετά τε φιλοχόρον κιθάρας
— θίασος ἔμολεν ἱπποβάτας
non dubito sic recitare
◡̈◡, ◡̈◡, ‑◡◡, ‑, i. e. ‑◡, ‑◡, ‑◡◡, ‑
non sic, voce quasi impedita in enuntiando
◡◡̈, ◡◡̈, ‑◡◡, ‑, i. e. ‑◡, ‑◡, ‑◡◡‑

Ei vero qui aspernantur τονὴν pedis secundi versus Ἔρως ἐνίκατε μαχάν, qua fit ex diiambo sex temporum ordo logaoedicus septem ⌣ | ² ⌣ ᷄, aspernari videntur omnia, quae de hac re demonstrata sunt studiis huius saeculi metricis. Ubi enim est qui in versu Sept. 922. πάρεστι δ' εἰπεῖν ἐπ' ἀθλίοισιν coniunctum dicat diiambum cum tripodia trochaica

◡‑◡‑, ‑◡‑◡‑◡‑ ?

Sane omnes dicent esse versum

$$\smile, -\smile, —, -\smile, -\smile, -\smile$$

sive mavis iambice $\smile-, \smile—, -, \smile-, \smile-, \smile.$ En agite! Quid est discriminis inter

$$\smile\,|-\smile—|-\smile-\smile-\smile \text{ et inter}$$

$$\smile\,|-\smile—|-\smile-?$$

Illius versus certo initium non est positum loco trochaicae dipodiae facta ‚hyperthesi', quam voluit Rossbachius, nescioqua; cur est huius? Nonne qui hoc contendet, eidem videbitur noxius vitio atque qui

$$\smile-\smile-, -\smile-\smile-\smile \text{ ex}$$

$$-\smile-\smile, -\smile-\smile-\smile$$

natum esse censebit? — Sed habeto sic se res; paullulum concedam. Tamen qui commutationem volent, aliis statim implicabo difficultatibus. Non enim sunt solum versus $\smile-\smile-, -\smile-\smile-,$ qui constant diiambo et choriambo, sed hi quoque $\quad - -\smile -\smile-\smile$

$$-\smile -\smile\smile-\smile$$

$$-\smile --\smile\smile-$$

$$-\smile -\smile\smile-\smile-$$

vide Gaisfordii copias p. 53. exscriptas et meas p. 129. Num igitur coniungitur choriambus cum palimbacchio, cum iambo, cretico, cum quovis denique pede atque id in strophis logaoedicis? Et quibuscum coniungitur, cum iisdem fortasse commutatur interdum, ut rem esse dicunt in diiambo et choriambo? Minime gentium; nam hoc adeo caret veri similitudine ut non sit cur refutem. Immo necesse est hos pedes dimetiamur logaoedice, cum sint pedes versuum logaoedicorum, ut

$$\smile\,|-\smile, -\smile\smile, -$$

$$-\smile, -\smile\smile, —-$$

$$-\smile, —, -\smile\smile, -$$

$$-\smile, -\smile\smile, -\smile\smile, -$$

Sed si hos dividimus logaoedice, quidni item diiambum

$$\smile, -\smile, —, -\smile\smile, -?$$

Cur dignus qui excipiatur, praesertim cum apud Euripidem
⌣-⌣- -⌣⌣- cum brevioribus illis versiculis coniunctum legatur non nunquam? — Accedit aliud. Duo extant versus
Aeschyli apud Ar. in ran. 1264. 1269/70 dactylici, qui
item incipiunt a ⌣-⌣-:

κυδίστ' Ἀχαιῶν Ἀτρέως πολυκοίρανε μάνθανέ μου παῖ

⌣-⌣-, -⌣⌣ -⌣⌣ -⌣⌣ -⌅

Φθιῶτ' Ἀχιλλεῦ, τί ποτ' ἀνδροδάϊκτον ἀκούων

⌣-⌣-, -⌣⌣ -⌣⌣ -⌣⌣ -⌅

quibus demonstratur *praemitti* sane dactylicis ⌣-⌣-, non *idem
valere* atque sequentes duos dactylos vel potius sequentes
quattuor syllabas, quibuscum possit commutari diiambus.
Nam qui commutationem adamant, videant quo modo eam
perficiant. Sane in versibus ut est Ai. 701.

ἐμοὶ ξυνείη διὰ παντὸς εὔφρων

nil eis laboris:

⌣-⌣-, -⌣⌣-, ⌣-⌅

sed qui hic fit? Nascitur hic mirus versus facta commutatione

-⌣⌣-, -⌣⌣- | ⌣-⌣- ⌣⌣-⌣⌣-⌣⌣-⌣-

⌣-⌣-

Anapaestorum vero sequentium choriambos neque ulla est
ratio, neque invenitur exemplum. Similis res est in Eccl.
vo. 978.

καὶ ταῦτα μέντοι μετρίως πρὸς τὴν ἐμὴν ἀνάγκην,

εἰρημέν' ἐστίν· σὺ δέ μοι, φίλτατον, ὦ ἱκετεύω,

quos Luthmer sic dimetitur pp. 32. 82.

⌣-⌣-, -⌣⌣-, ⌣-⌣-, ⌣-⌣

⌣-⌣-, -⌣⌣-, -⌣⌣-, ⌣-⌣-

et miratus in eodem στίχῳ choriambum coniunctum esse
cum ionico probat Blaydesii coniecturam qua tollatur haec
offensio. Recte miraretur, si res sic se haberet; sed sanus
est locus

⌅, -⌣, —, -⌣⌣, -⌣ -⌣ -⌣ -⌣

⌅, -⌣, —, -⌣⌣, —, -⌣⌣, -⌣⌣; -⌅;

(sive mavis quattuor versus

⌣, ⌣⌣, —, ⌣⌣⌣, -   In . priori enim versu dactylum
⌣, ⌣⌣, ⌣⌣, -≗   sequuntur trochaei; in altero se-
⌣, ⌣⌣, —, ⌣⌣⌣, - quuntur dactylos duos vel dacty-
⌣⌣⌣, ⌣⌣⌣, -≗   ) lotrochaeum, cui choriambi est
                     forma, iterum dactyli; sed ionicus
non inest. Vides quas ad nugas ducaris probata illa diiamborum doctrina. — Denique non dispicio quae res videatur Rossbachio esse velut Ach. v. 1150 —62.

Ἀντίμαχον τὸν Ψάκαδος τὸν ξυγγραφῇ τὸν μέλεων ποιητήν
— τοῦτο μὲν αὐτῷ κακὸν ἕν· κᾆϑ' ἕτερον νυκτερινὸν γένοιτο

(ubi, qui illud *τὸν ξυγγραφῇ* glossam esse voluerunt, qua
qui esset Antimachus acrius definiretur, hanc in opinionem
non futurum fuisse habeo persuasum ut inciderent, nisi
metrica eis fuisset offensio; nam *τὸν ξυγγαφῇ* non magis
suspicionem movet quam *τὸν μελέων ποιητήν*.) Nam Rossbachius commutationis amphibrachi et dactyli licentiam
expressis verbis cohibet intra primi cuiusque pedis syllabas tres, cum hic (et Phil. vv. 1136.—1160.) alter patiatur
ὑπέρϑεσιν. Sane parum sibi constans statim idem addit
hanc figuram

Sunt dimetiendi versus Aristophanei sic

⌣⌣⌣, —, ⌣⌣⌣, ⌣⌣, ⌣⌣, —, ⌣⌣⌣, -≗, ⌣⌣ (a)
⌣⌣⌣, —, ⌣⌣⌣, —, ⌣⌣⌣, —, ⌣⌣⌣, ⌣⌣, ⌣⌣

et, ut redeam unde sum egressus, versus formae ⌣-⌣⌣ -⌣⌣
quibus respondet choriambicus dimeter, sic

⌣, ⌣⌣, —, ⌣⌣⌣, — (b)
⌣⌣⌣, —, ⌣⌣⌣, —

Nam *respondere* has formas si negarem, stultus essem;
sed *neque respondet choriambo diiambus pro choriambo positus neque dactylo amphibrachys,* sed, simodo dividimus
choriambi duos pedes et catalexi interiore syllabas excidere
tenemus, in exemplo priore (a)

dactylus	trochaeus	trochaeus	longa 3 temporum
dactylo	longae trium temporum	dactylo	longae 3 temporum

in posteriore (b)

anacrusis	trochaeus	l. 3. t.	tr.	l. 3. t.
	dactylus	l. 3. t.	d.	l. 3. t.

Iam non licet dicere commutari cum diiambo choriambum nisi breviloquentia aliqua, quae est ex usu; sed rhythmica res alia est. — Neque in responsione pedum

‒ ◡ ◡   ‒ ◡◡
      vel
‒ ◡   ◡

quemquam spero offensurum, quae non mira est, cum idem valeat uterque pes; contra vereor ne existant qui Gleditschium meque eum secutum vituperent propter respondentem versum cum anacrusi versui qui caret anacrusi. Sed ne haec quidem licentia adeo aliena esse videtur a logaoedicis, ut inde nos profectos totam de his versibus doctrinam commutare oporteat, cum non saepe apud Anacreontem et Aristophanem,[32] perraro ne dicam nunquam apud tragicos inveniatur ceterosque lyricos poetas; nam velut in Philoctetae stropha in qua inest illud μηκέτι μηδενὸς κρατύνων v. 1160., alii quoque versus non ut oportet respondent. — *Falsa igitur est illa quae fuit pervulgata in multos vv. dd. opinio, ex qua saepissime diiambus inveniatur atque id apud optimum quemque poetam pro choriambo positus.* — Sequitur ut versus qui incipiant a pedibus

---

[32] Ceterum ne hic quidem dubito plausibili coniectura ubi restituitur vera responsio, eam accipere; velut vesp. 526. lege νῦν δὴ τὸν ἐκ — 631. οὐπώποθ᾽ οὕτως. Neque versui Lys. 338. graviter corrupto bene consulere videntur qui scribi iubeant ὡς τριτάλαντον τὸ βάρος ‒ ◡ ◡ ‒ ‒ ◡ ◡ ‒ respondente

◡ ◡◡ ◡ ‒ ‒ ◡ ◡ ‒

Eadem in stropha cur legatur σᾶς πολιοῦχ᾽ non est causa. Lege πολιοῦχε σᾶς.

solutis ⌣⌣⌣⌣-, ⌣⌣⌣⌣⌣⌣, neque sint dividendi ≈⌣⌣-, ≈⌣⌣≈, nam longae dactylorum non solvuntur, neque ⌣≈⌣-, ⌣≈⌣≈, nam non est diiambus, sed ⌣, ≈⌣, —, ≈⌣≈⌣.[33])

Unum addam in fine huius paragraphi, cogitari posse de aliorum poetarum hac in re usu alio ita ut eadem forma ⌣-⌣- -⌣-⌣ modo sit dividenda ⌣, -⌣, —, -⌣-⌣, modo ⌣-⌣-, -⌣-⌣, clausula vera -⌣-⌣-⌣ modo -⌣⌣, -⌣, -⌣, modo -⌣-⌣, -⌣⌣. Et recte cogitatur. Nam re vera Alexandrinis poetis Hephaestionis de diiambo doctrinam tritam fuisse cognoscemus. Tamen huius usus velut apud Aristophanem nullum inveni indicium plausibile; neque si invenissem, plus ei tribuissem propter arrhythmiam.

Haec habui quae dicerem de adiumentis, quibus uti licet in discernendis versibus choriambicis logaoedicis ionicis aut non licet. Obiter hoc addam, paucos anapaesticos versus a vv. dd. falso esse divisos choriambice. Velut Prom. vv. 143. sqq., de quibus v. Rossbach [3]III., 2., p. 701.:

αἰαῖ αἰαῖ	— — — —
τῆς πολυτέκνου Τηθύος ἔκγονα	⌣⌣⌣́ ⌣⌣- ⌣⌣⌣́ ⌣⌣⌣́
τοῦ περὶ πᾶσάν θ' εἱλισσομένου	⌣⌣⌣́ ⌣⌣- ⌣⌣- ⌣⌣-
χθόν' ἀκοιμήτῳ ῥεύματι παῖδες	⌣⌣- ⌣⌣- ⌣⌣⌣́ ⌣⌣-
πατρὸς Ὠκεανοῦ	⌣⌣- ⌣⌣-
δέρχθητ', ἐσίδεσθ' οἵῳ δεσμῷ	⌣⌣- ⌣⌣- ⌣⌣- ⌣⌣-
προσπαρτὸς ἐγὼ	⌣⌣- ⌣⌣-

---

[33]) Versum Pindaricum aliquem v. p. — Solutiones longarum tum demum increbuere, ubi falsae vigere coepit de choriambi origine sententia, tempora dico grammaticorum qui exempla versum cum pedibus solutis sibi fingebant quae attuli in primo capite. Ceterum pariter ut solutiones vitabat poeta optimus contractiones duarum brevium. Nam molossus qui visus erat vv. dd. pro choriambo positus, non est molossus proprius sex temporum, sed idem valet rhythmice atque tres trochaei; velut v. S. El. 472. εἰ μὴ 'γὼ παράφρων μάντις ἔφυν καὶ γνώμας dividendus est -≈, -⌣⌣, —, -⌣⌣—, — — —, non
‥, -⌣⌣-, -⌣⌣-, -⌣⌣-
Vide de hoc versu G. Hermann. p. 421., Dindorf. in Scaen. Christ. §§ 529. ann. 530. ann.

τῆς δὲ φάραγγος σκοπέλοις ἐν ἀκροῖς ‿‿⏤ ‿‿- ⌣⌣- ⌣⌣-

φρουρὰν ἄζηλον ὀχήσω   (-⌣⌣-, -⌣-⌣-⌣-).

‿‿- ‿‿-⌣⌣-⏒

O. C. vv. 176.—192., praecedentibus anapaestis (cf. Christ.
§. 542.)

οὗτοι μήποτε σ᾽ ἐκ τῶνδ᾽ ἑδράνων   ‿‿-, ‿‿≈, ‿‿-, ⌣⌣-,

ὦ γέρον ἄκοντα τις ἄξει   ‿‿≈, ‿‿-, ⌣⌣-, ⏒

— αὐτοῦ μηκέτι τοῦδ᾽ ἀντικέτρου   (--, -⌣⌣-, -⌣⌣-,

βήματος ἔξω πόδα κλίνῃς   -⌣⌣-, -⌣⌣⏒)

Alc. v. 132. πάντα γὰρ ἤδη τετέλεσται sequentibus anapaestis;
quem versum falso choriambicum dixit Leutsch.

*Atque ut summam addam, haec invenimus: Sunt cho-
riambici versus non proprii generis, sed logaoedici, et fit
choriambus vel intercidentibus duobus dactyli posterioris
cuiusque syllabis brevibus vel intercidente brevi trochaei, qui
sequitur dactylum. Cognoscuntur versus choriambici imprimis argumento, interdum caesuris, vicinis versibus, cohaeren-
tibus divulsis et alienis coniunctis alia adhibita mensura,
ictu; non cognoscuntur diiamborum vel ditrochaeorum commutatione, quae non est, vel responsione.*

Ex his quae adhuc exposui adeo quid sentiam de
legibus quas secuti sint poetae in choriambicis carminibus
pangendis, apparet, ut pauca habeam quae de his addam;
nec non de nomine choriambi pauca exponam.

13. De *catalexi* versuum choriambicorum vide G. Hermann. 422., 436.17., Dindorf. in Scaen., Christ. § 533.
Logaoedice dividenda est ubique clausula; quae res non᾽
versatur in dubitatione ratione habita multorum eorum
versuum, quibus est sine dubia logaoedicus finis; quibus
illustratur reliquorum quae per se dubia fuerit cuipiam,
mensura. Nec non natura choriambi suadet logaoedicam
mensuram. Divisarum clausularum specimina vide in tabula
infra confecta. Hic breviter moneam versus desinentes in

-⌣⌣-   non esse acatalectos, sed catalecticos

-⌣⌣⌣   non esse hypercatalectos, sed acatalectos

- ‿ - ‿ - ‿ non esse brachycatalectos, sed catalecticos
- ‿ - ‿ ‿ ‿ non esse catalecticos, sed acatalectos.

Clausulam - ‿ ‿ - ‿ ‿ quae saepissime invenitur, κατὰ διποδίαν metiri placet Christio - ‿ - ‿, - ‿ (§ 533.) Quod cur facerem causam non dispexi gravem. Idem de clausulae huius

Θή-]βας ἐλελίζων -] - ‿ ‿ - -

mensura pugnat cum Brambachio, cui haec visa erat - ‿ ‿, - ‿; nam trochaeum non inesse in ea, cum ultima soleat longa esse. At est ultima; quam indifferentem esse cur est quod hic negemus? Sed etsi non videatur clausula illa trochaica, potius videatur logaoedica acatalecta - ‿ ‿ - ‿‿ - ‿ vel - ‿ ‿ - ‿ - ‿ quam hypercatalecta, id quod voluit Christ; nam spreta iam logaoedicorum dipodica, ut hoc verbo utar, mensura non sunt pedes logaoedici hypercatalecti.

14. Similem ob causam hoc quoque improbaverim quod Christ § 540. dicit de eo pede quem factum esse censet ex anacrusi. Nam ‿ ‿ esse anacrusin, sed - ‿ et ‿ - pedes ex anacrusi factos contendit. Hoc sit rectum, etsi certius quidquam hac de re posse enucleari non credo. Sed porro coniungi vult Christ hunc pedem a poetis Atticis cum sequente dactylo cyclio sic κατὰ διποδίαν, ut fiat e

‿ ‿, - ‿ ‿, —, - ‿ ‿, —, - ‿ ‿, —..... hoc

‿ ‿ - ‿ ‿| — - ‿ ‿| — - ‿ ‿| —..... (p. 468.)

Quod falsum est. Non enim —, - ‿ ‿ arte coniungebatur sed - ‿ ‿ — ut unus videretur esse pes complereturque uno vel compluribus vocabulis; neque grammatici hoc quod voluit Christ, docent, nam non κατὰ διποδίαν rhythmice scandunt versus, sed quaternis quibuslibet syllabis in unum coactis; qua re fit e

‿ ‿, - ‿ ‿, —, - ‿ ‿, —, - ‿ ‿, —...

‿ ‿ - ‿,‿ - - ‿,‿ - - ‿,‿ - ....

15. *Nomina* haud pauca indita sunt metro de quo agimus, quorum aliud spectat originem pedis quam veram esse sibi persuaserant veteres, aliud nomen poetae a quo

8

potissimum metrum usurpatum esse notum erat, aliud carmina ad quae pangenda aptum erat. Inter vetustiora nomina reddenda sunt κύκλιος, de quo supra egi, et βαχχεῖος (βαχχειαχὸς bacchicus bacchiacus, — ὑποβαχχεῖος, nam pariter atque pedum ₋₋◡ et ◡₋₋ nomina confundebantur, (Heph. schol. p. 134.), utrumque nomen fuit pedi choriambico), quod nomen testatur Caesius Bassus tritum fuisse musicis. De cuius origine consule Ar. Quint. p. 37. βαχχεῖος δὲ inquit ἐκλήθη (sc. ὁ χορίαμβος) ἀπὸ τοῦ τοῖς βαχχεῖος μέλεσιν ἁρμόζειν, et cf. locum e schol. Heph. B. petitum ubi de nominis bacchei proprie dicti origine haec p. 134. ἐκλήθη δὲ οὕτως, ἐπειδὴ οἱ τῶν διθυραμβοποιῶν πρὸς Διόνυσον ὕμνοι ὡς ἐπὶ τὸ πλεῖστον ἐκ τούτου τοῦ μέτρου ἦσαν. Et suspicatus sit recte aliquis revera fuisse choriambica carmina artissime cum Bacchi culta cohaerentia, quae spectaverint musici; nam non ex eis ad quae canenda ἁρμόζει metrum, accipit nomen, sed ex eis ad quae canenda revera usurpatur. Quorum carminum Christ vestigia ut ita dicam voluit extare Alcaei et Anacreontis carmina convivalia. Sed ubi in his acre illud et choriamborum probrium? Hilari sunt poetae haec carmina, non bacchantis; bacchantium autem et ἐνθέων versimile est fuisse illa μέλη βαχχεῖα. Rectius igitur huc referas carmina Baccharum Euripidis; et melius quoque eorum natura illustratur versu dithyrambi Pindarici, ubi crebris dactyli longae syllabae solutionibus, quae alibi perraro inveniuntur, mirum quantum augetur vehementia et impetus numeri: fr. 3. (45) Boeckh.
v. 10. τὸν Βρόμιον τὸν Ἐριβόαν τε καλέομεν· γόνον ὑπάτων μὲν πατέρων μελπέμεν.

Nec non fuisse musicorum iam supra monui nomina δάκτυλος κατὰ βαχχεῖον, βαχχεῖος κατὰ τροχαῖον, βαχχεῖος ἀπὸ τροχαίου (Ar. Quint., schol. Heph.). Quae sic censeo explicanda: usurpato nomine βαχχείου ad ₋₋◡ quoque appellandum illud κατὰ τροχαῖον vel ἀπὸ τροχαίου (intellige: incipiens, nam velut antispastus βαχχεῖος ἀπὸ ἰάμβου vocatur) addebatur ad melius discernendum choriambum a baccheo vel antibacchio quem nos dicimus. Et pariter pedi $\_\smile\smile$ bacchiaco, quod a $\_\smile\smile$ incipiebat, dactylo nomen inditum, sed dactylo non proprie dicto, sed in pede bacchiaco $\_\smile\_\smile$ obvio vel bacchiaco, et fiebat δάκτυλος κατὰ βαχχεῖον. Inde lucem petere ad dactylicam choriambi naturam illustrandam non licere videtur.

Contra choriambi nomen poetis optimis non fuit notum. Quod probavit Christ, Metr. § 529. ann., cf. Verskunst d: Horaz p. 25., cuius ratiocinatio valde mihi arridet, cum revocaret ad ea tempora, ubi iam trochaeus quem nos vocamus pes choreus nominabatur, et ad usum bacchei nominis pedi trisyllabo inditi qui est obvius apud Dionys. Halic.; qui usus non potuit esse nisi nomine alio pedis, qui antea baccheus nominabatur invento, choriambico scilicet. His nixus argumentis tribuit Christ originem nominis aetati Ciceronianae, recte ut puto nisi quod dubito an usum nominis bacchei non statim sit secutus nominis choriambi usus, sed nominum illorum compositorum. Sed fortasse idem tempus et compositis nominibus et choriambi nomini potest dari, si modo illa fuerunt musicorum, hoc grammaticorum; quod diiudicari nequit. Res vero eam ob rem non nullius est momenti, quod videmus non solum mensuram illam plurimorum versuum choriambicam, quam perversam esse cognovimus, sed etiam nomen ortum esse aetate recentiore.

Denique commemoro nomen metri Philicii, quod affert Caesius Bassus. Philicus εἰς ὢν τῆς Πλειάδος (cf. Heph.) cum ipse in uno e fragmentis sic se nominet formaque nominis sit procul dubio vere graeca, missum faciamus illud Philiscus quod saepenumero codd. mss. exhibent. — Anacreonteum metrum choriambicus qui videbatur Varronianis versus

$$\_\_, \ \_\smile\smile\_, \ \smile\_$$

nominabatur teste Caes. Bass. p. 259. K. Sed has quisquilias liceat omittere. Nam nomina talia licet sint gravissima ei qui unde sua hauserit grammaticus aliquis quaerat; nil prosunt ad ipsius metri cognoscendam naturam.

Originem choriambici metri, id quod obiter commemoro, fere exhibent enchiridia de re metrica scripta tribui a Plutarcho Olympo, quippe qui dicat de mus. 29. ἔνιοι δὲ καὶ inquit τὸν βαχχεῖον Ὄλυμπον οἴονται εὑρηκέναι. Res sane lubrica, et γλαῦκ' Ἀϑήναζε ferre viderer si neque quae de εὑρήμασι traduntur ea esse exponerem, quibus statim habeamus fidem, et illo οἴονται fieri perspicuum illos ἐνίους non habuisse quo niterentur nisi coniecturis. *Sed ne id quidem potest demonstrari Plutarchum de baccheo verba facientem dicere choriambum ipsum non pedem trisyllabum.*

16. *Iam mihi percensendi sunt singulorum poetarum versus, de quibus haec quae addam habeo.*

Lyricorum poetarum hi versus sunt choriambicologaoedici
Alcaei frg. 35.— 40., 41.—54. H. Versus fragmentorum 41.—54. constant basi duobus choriambis pherecrateo priore catalectico, versibus κατὰ στίχον coniunctis,

$$\bullet\bullet, -\smile\smile, -, -\smile\smile, -, -\smile\smile, -\smile, -.$$

Uno excepto, quo de Pittaco tyranno agitur, sunt carmina convivalia. — Rossbachio vero inesse visus est his in asclepiadeis maioribus unus choriambus praecedente pherecrateo altero catalectico

$$\bullet\bullet, -\smile\smile, -\breve{} \mid -\smile\smile- \mid -\smile\smile, -\smile, -.$$

Quo efficitur ut asclepiadeas minor versus colorum duorum careat choriambo

$$\bullet\bullet, -\smile\smile, -\breve{} \mid -\smile\smile, -\smile, -.$$

Quod non probaverim ex eis, quae § 7ᵃ de choriambo e $-\smile\smile-\breve{}$ et e $-\smile\smile-\breve{}$ nascente dixi. Et vide ne hic mea sententia comprobetur collatis inter se lyricorum poetarum versibus. Sunt enim apud Sapphonem et Anacreontem, quorum versus etsi differunt ab Alcaei versibus, tamen sunt aliquomodo cognati cum eis, hae formae brevioris versus

-⌣- | -⌣⌣ -⌣ -⌣ An. 27.—29.

⌣- ⌣

- | -⌣⌣- | -⌣⌣ -⌣ -⌣ Sapph. 52.—53.

praeter

-- | -⌣⌣- | -⌣⌣ -⌣ Sapph. 55.,

longioris versus

-⌣⌣- | -⌣⌣- ‖ -⌣⌣ -⌣ -⌣ Sapph. 61.

-⌣⌣- | -⌣⌣- ‖ -⌣⌣ -⌣ -⌣ - An. 19. 22.—24.

⌣-⌣   ⌣-⌣

- | -⌣⌣- | -⌣⌣- ‖ -⌣⌣ -⌣ -⌣ Sapph. 75.—79.

praeter

.. | -⌣⌣- | -⌣⌣- ‖ -⌣⌣ -⌣ Sapph. 63.

.. | -⌣⌣- | -⌣⌣- ‖ -⌣⌣ -⌣ - Sapph. 65.—74.

.. | -⌣⌣- | -⌣⌣- ‖ -⌣⌣ -⌣ -⌣ An. 15.—16.

His vero ex formis, in quibus vel unum vel duos choriambos ante finem logaoedicum esse certum est et quidem praemissa interdum anacrusi, colligam similes quoque esse unius vel duorum, non nullius vel unius choriamborum et quidem praemissa basi. Neque argumentum asclepiadeorum minorum, qui leguntur apud Alcaeum, monet ne choriambum versui demus, cum non differat a maiorum; cf.

38. πίνωμεν· τὸ γὰρ ἄστρον περιτέλλεται cum

43. τέγγε πλεύμονα Ϝοίνῳ· τὸ γὰρ ἄστρον περιτέλλεται.

Verbis quibus complentur pedes choriambici non licet uti in statuendis Alcaei versibus choriambicis, quod ille non adamat caesuram geminam et pro difficultate quam esse obviam in enumerandis asclepiadeis maioribus supra monui. — ‚Diiambus' non invenitur apud Alcaeum. — Non sunt choriambici Alcaei versus stropharum sapphicae et alcaicae 1.—33., 34.; porro logaoedici sunt 56.—60.

.., -⌣⌣, -⌣, -⌣, - | -⌣⌣, -⌣, -⌣, -⌣-,

62. 64.—69.— frg. 63. Κρονίδα βασιλῆος γένος Αἴαν τὸν ἄριστον πεδ' Ἀχίλλέα recte Christ § 542. ionico numero adscripsit [⌣⌣—— ⌣--- ⌣--- ⌣--- ⌣--] quod apud Alcaeum

saepius congruit finis ionici pedis cum fine vocabuli (13^{ies}
in 20 pedibus); et iubet accipi hanc mensuram agumen-
tum. — frg. 70. in dubio reliquam.

Sapphus versus choriambici sunt
cum uno choriambo fr. 52.—53. 55.
cum duobus choriambis fr. 61. 103. 63. 65.—74. 75—79.
Formae nonnullae occurrunt apud Sapphonem quae non
leguntur apud Alcaeum; de quibus supra egi. Argumentum
est multiplex, sed non id, quo cogamur non choriambico-
logaoedice, sed choriambice versus dimetiri; velut describitur chorea, et adventus dei. Quam ob rem non plus
tribuerim vocabulis finitis utrimque, quae saepius inveniuntur apud Sapphonem. Nam non solum choriambus
maiorum versuum secundus in 28 versibus 17^{ies} expletus
est vocabulis, sed etiam primus in 22 versibus 10^{es}, tertius si Hephaestioneam sequimur divisionem in 26 versibus
17^{es}. Tamen si quis haec initia finesque vocabulorum
pedumque congruentia indicium censeat huius mensurae

$$\bullet\bullet, \;-\cup\cup-, \;-\cup\cup-, \;\underline{-\cup\cup-}, \;\underline{\cup-}$$

$$\bullet, \;-\cup\cup-, \;-\cup\cup-, \;\underline{-\cup\cup-}, \;\cup-\cup$$

errare mihi videtur. Nam et argumentum impugnat et
abrupte ut a dicam, sonaret maior asclepiadeus brachycatalectus ...... $-\cup\cup-, \;\cup-$, cum lenissime ad finem decur-
rat clausula .... $-\cup\cup, \;\cup-, \;-$. Sane quomodo caesurae illae
bene illustrentur, me nescire profiteor. — ‚Diiambus' ne apud
Sapphonem quidem invenitur. — Non choriambici sunt apud
Sapphonem versus strophae sapphicae frg. 1—20., alcaicae
23—24.; alii logaoedici frg. 41.—51. 56—59. 96.—97. versus. Apud

Anacreontem et plures inveniuntur versuum formae et
strophae variorum stichorum et solutiones et ‚diiambi' illi.
Sunt versus
cum uno choriambo fr. 27.—29.
cum duobus choriambis frg. 15.² 16.² 19. 22.—24;[34]) formae:

---

[34]) sunt qui in frg. 24. ἀσπίδα ῥίψας metiantur, fortasse rectius.

‒◡◡‒ | ‒◡◡ ‒◡ ‒◡, **ubi cum**
◡‒◡‒ | ‒◡◡ ‒◡ ‒◡ **tum**
◡‒◡⌣ | ‒◡◡ ‒◡ ‒◡ **admisit;**
‒◡◡‒ | ‒◡◡‒ ‖ ‒◡◡ ‒◡ ‒◡ ‒ velut 19. 5. 7. 10.
‒◡◡‒ | ‒◡◡‒ ‖ ◡‒◡ ‒◡ ‒◡ ‒ „ 19. 1. 2.
◡‒◡‒ | ‒◡◡‒ ‖ ‒◡◡ ‒◡ ‒◡ ‒ „ 19. 11.
‒◡◡‒ | ‒◡◡‒ ‖ ‒◡◡ ‒◡ ‒◡, idem cum ‚diiambo' et solutione
◡ ≈◡‒ | ‒◡◡‒ ‖ ‒◡◡ ‒◡ ‒◡, idem cum basi
‒ ‒◡◡‒ | ‒◡◡‒ ‖ ‒◡◡ ‒◡ ‒◡, cui versui praemittitur in fr.
15. et 16. versiculus logaoedicus
‒ ‒ | ‒◡◡ ‒◡ ‒ pariter ac sequitur binos longi-
ores versus frgti 19. hic tro-
chaicus
‒ | ‒◡ ‒◡ ‒◡‒ cf. Anacreontea 37.

Utrimque clausi e 29 pedibus choriambicis sunt 18. Tamen
notandum post secundum quemque choriambum undecies,
una syllaba post sexies in 17 versibus caesuram esse. Non
choriambici sunt apud Anacreontem versus stropharum gly-
conearum in fr. 1.—12., priapei fr. 13.—14., 20. 21., 25.;
17., 18., quod huius formae est

‒≈, ‒◡◡, ‒◡, ‒
◡ ⌣◡, ‒ ◡ , ‒◡, ‒;

26., quod sic dimetire

‒◡◡, ‒◡, ‒◡, ‒ | ‒◡ ‒◡ ‒◡

fr. 26. 27. 34. Bergk.⁴. — frg. 58. 59. H. ionici numeri
esse iam supra dixi; tales enim in preces non convenit
rhythmus choriambicus. Nec non ab Hillero fr. 42. recte
ionicis adscriptum esse videtur, quod forma haec

‒◡◡‒ | ‒◡◡ ‒◡ ‒◡

non invenitur choriambica apud lyricos Errat sine dubio
Luthmer qui p. 8. finem versus excidisse contendit

‒◡◡‒, ‒◡◡‒, ◡‒◡‒, ‒[◡̄ ◡̆ ◡̄];

qualis versus procul positus est ab Anacreontis formis.
Denique adde ionicis fr. 57. — Moneo qui legent ne nimis
capti Hephaestionea doctrina et collatis his versibus

ἀσπίδα ῥίψ(ας) ποταμοῦ καλλιρόου (παρ' ὄχθας)

‿‿‿‿, ‿‿‿‿ | ‿‿‿ ‿‿ ‿‿

et Σίμαλον εἶδον ἐν χορῷ πηκτίδ' ἔχοντα καλήν

‿‿‿‿ ‿‿‿‿ ‿‿‿‿ ‿‿‿

contendant effici ex priore versu duorum choriamborum,
ut alter quoque simillimus sit duorum choriamborum

‿‿‿‿, ‿‿‿‿ ‿‿ ...... *Nam nil alteri commune cum altero,
cum ille sit choriambicologaoedicus, hic priapeis adnume-
randos.* Eadem res est de versu τίλλει τοὺς κυάμους ἀσκι-
διώτης (Anacr. Et. Magn. 713., Gaisf. Heph. p. 141.) et
de phalaecio hendecasyllabo. Nam e forma

‥, ‿‿‿‿, ‿‿‿‿‿ nequaquam efficitur phalaecio fuisse
hanc formam

‥, ‿‿‿‿, ‿‿‿‿, ‿, immo phalaecius est

‥, ‿‿‿,‿ ‿,‿‿,‿ ‿, ille Anacreontis

‥, ‿‿‿, —, ‿‿‿, ‿‿.

(Adde quod Anacreontis versus non recte sic legitur
ut exhibet Gaisford; v. Hiller. 8.) — His versibus adde
Stesichori duos asclepiadeos maiores in carmine in
Rhadinam conscripto, fr. 16., et

Praxillae tres e paroeniis, frg. 3. 4.

Iam omnes a lyricis κατὰ στίχον usurpatorum versuum
formas componam. Habes

‿‿‿|‿‿‿ ‿‿ An. 27./9.

‿ ‿ ‿ ibid.

‿ ‿ ‿‿ ibid.

‥|‿‿‿|‿‿ ‿ S. 55.

‥|‿‿‿|‿‿ ‿‿ Alc. 38./40.

‿ ‿‿‿|‿‿ ‿‿ S. 52./3.

‿‿‿ |‿‿‿|‿‿ ‿‿ S. 61. (103.)

‿ ‿ ‿‿|‿‿‿|‿‿ ‿‿ An. 24.

‿ ≈ ‿ ‿ |‿‿‿|‿‿ ‿‿ An. 22. 23.

‿‿‿ |‿‿‿|‿‿ ‿‿ ‿ An. 19.

‿ ‿ ‿ ‿ |‿‿‿|‿‿ ‿‿ ibid.

‥|‿‿‿ |‿‿‿|‿‿ ‿‿ S. 63.

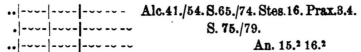

Alc.41./54. S.65./74. Stes.16. Prax.3.4.
S. 75./79.
An. 15.² 16.²

A Pindari carmine victorias celebranti alieni erant complures choriambi, ut recte cognovit Boeckh. Singulos choriambos facillime quisque inveniet vel Boeckhii de metris Pindari commentario evoluto vel inspecta Christii quam cuique carmini praemisit tabula metrica; bini choriambi coniuncti perraro inveniuntur. Solutiones dactyli prioris inveniuntur in fragmento supra allato.

Scaenicorum versus choriambicos vide in tabula infra conscripta. Hic nonnullos versus a choriambica liberaverim mensura, qua sunt qui eos falso affecerint.

Aeschyli complures ionicae strophae falso sunt vindicatae choriambicis. Velut Prom. vv. 128.—135. = 144.—158. haereas dividasne logaoedice sic ut sint vv. 1. 2. 3. 5. 7. 8. huius formae ⌣ - ⌣⌣— -⌣-- an ionice. Hoc aptius videtur etsi ionica divisio non fit sine aliqua difficultate. Tamen quis dubitat, quin verbis μηδὲν φοβηϑῇς, quibus Oceanitides Prometheum student sedare, aptus sit numerus ionicus, quo optime describitur misericordia commotus nympharum animus? Eadem res est de Prom. vv. 397.—405. = 406.—414. cf. Luthmer. p. 84. Jonicos versus esse vel efficitur e verborum finibus; nam logaoedice divisis strophis sexies, contra ionice bis divellitur vocabulum in fine versus. Praeterea minus dubito epitritum admittere pro ionico

  δαχρυσίσταχτον δ᾽ ἀπ᾽ ὄσσων ⌣-- , -⌣--
  μεγαλοσχήμονα κἀρχαι[οπρεπῆ ⌣-- , ⌣⌣--
quam responsionem hanc

  -σταχτον δ᾽ ἀπ᾽ ὄσσων = - ⌣ - , -⌣--
  -σχήμονα κἀρχαιο- -⌣⌣- , -⌣--

in Aeschyli carmine. Gravissimum autem est argumentum, quod iterum Oceanitides canunt haec verba. — Spt. 703. sqq. De his strophis egi p. 100. — Pers. vv. 647.—648.

malim ionicos - | ⏑ ⏑ – –, ⏑ ⏑ – –, ⏑ ⏑ – ⏑, – – – – quam choriambico-
logaoedicos – ⏑ ⏑ –, – ⏑ ⏑ –, – ⏑ ⏑ ⏑ – ⏑ – ⏓
et quod causa mutandi numeri (sequuntur enim ionici)
nulla perspicitur, et quod clausula choriamborum logaoedica
longior eamque ob rem languida videtur. Adde quod in
stropha anacruseos vocabulum ἡ bene seiungitur a sequentibus. — Logaoedici sunt hi apud Aeschylum: Ag. 226. γυναι-
κοποίνων πολέμων ἀρωγάν

⏑, – ⏑, —, – ⏑ ⏑, – ⏑, — -

idem versus 770., Ag. 445. sqq., Choeph. v. 413., Eum. v.
556., de quibus falso imprimis indicat Luthmer, et Eum.
v. 1039. qui versus glyconeus est - ⏓, - ⏑ ⏑, - ⏓, -.
Argumentum versuum choriambicorum qui obvii sunt apud
Aeschylum hoc est. Agitur
de re sublimi et augusta:

    invocantur Darii manes, implorantur dei Pers. v. 633.
    imploratur Epaphus suppl. v. 41. sqq.
    religio supplicum: ib. v. 100.

de re atroci (cf. mortis atrocis descriptionem apud *Phry-
nichum* frg. 6. N.)

    lamentantur de capta urbe, abreptis a victoribus
    feminis, belli formidinibus spt. v. 321. sqq.
    lamentantur de domo infelici Atridarum choeph. v. 52.
    lamentantur de caede fraterna sorteque Jocastae spt.
        919. 929. item de parricidio mutuo v. 735.
    lamentatio Procnes cum supplicum lamentatione com-
        paratur suppl. 57.
    ipsarum supplicum lamentum suppl. v. 70 sqq.
    Jo oestro propulsa suppl. v. 544. sqq.
    ira Clytaemnestrae choeph. v. 391.
    vaticinatio Calchae, dolor Atridarum, sacrificium
    Iphigeniae Ag. v. 202. sqq.

de laetitia exsultanti. Huiusmodi non sunt loci apud
Aeschylum.

    Sophoclis O. R. vv. 484. sqq. Diutius haesi sintne in

hac stropha choriambi coniuncti cum ionicis, an sint mere ionici versus. Atque hoc tenendum in argumento ipso verborum nil esse indicii, quo numerum mutari cognoscamus. Sed recte Christ. p. 485. monuit Ribbeckiusque me docuit mutato numero describi chori animum haesitantem. — Plures sunt versus logaoedici apud Sophoclem, quos falso vv. dd. voluere choriambicos esse. Quos exscribo apposita ea quae recta videtur ex eis quae supra demonstravi, mensura.

Ai. 375.—375.

ὦ δύσμορος, ὃς χερὶ μὲν   -, --⏑, ---, -
μεϑῆκα τοὺς ἀλάστορας,   ⏑, -⏑, --, --, ⏓
ἐν δ' ἑλίκεσσι βουσὶ καὶ   -⏑⏑, -⏑, -⏑, -
κλυτοῖς πεσὼν αἰπολίοις   ⏑, -⏑, —, ---, - 1 chor.

Ai. 701. 705.

νῦν γὰρ ἐμοὶ μέλει χορεῦσαι   ---, -⏑, --, —, -
ἐμοὶ ξυνείη διὰ παντὸς εὔφρων ⏑, --, —, ---, -⏑, —, --

O. R. v. 463./5.

τίς, ὅντιν' ἁ ϑεσπιέπεια Δελφὶς εἶπε πέτρα
ἀρρητ' ἀρρήτων τελέσαντα φοινίαισι χερσίν
    ⏑, -⏑, —, ---, -⏑, -⏑, -⏑, — -.

O. R. v. 1210.

πῶς ποτε πῶς ποϑ' αἱ πατρῷαί σ' ἄλοκες φέρειν τάλας
    -⏑⏑, -⏑, -⏑, - | -⏑⏑, -⏑, -⏑, -

OC. vv. 1694. sqq.

ὦ διδύμα τέκνων ἀρίστα, τό φέρον ἐκ ϑεοῦ καλῶς
μηδὲν ἄγαν φλέγεσϑον· οὔ τοι κατάμεμπτ' ἐβήτην
    -⏑⏑, -⏑, -⏑, -⏓ | ⏔ ⏑, -⏑, -⏑, -
    -⏑⏑, -⏑, -⏑, — | -⏑⏑, -⏑, —, -.

El. 129. ὦ γενέϑλα γενναίων non choriambicus dimeter cum molosso -⏑--, -⏌⏌- (sic G. Hermann. p. 435.) sed fortasse sic logaoedice -⏑⏑, -⏓, —, -.

El. v. 1058.

τί τοὺς ἄνωϑεν φρονιμω|τάτους οἰωνοὺς
ἐςορώ|μενοι τροφᾶς κηδομένας|ἀφ' ὧν τε βλάστω-
σιν ἀφ' ὧν|τ' ὄνασιν εὕρωσι, τάδ' οὐκ ἐπ' ἴσας τελοῦμεν;

⌣ –⌣, — , –⌣⌣, –⌣, – ⌣, — , –
⌣⌣ –⌣, – ⌣, — , –⌣⌣, – ⌣, – ⌣, — –,
–⌣, – ⌣, – ⌣,. —, –⌣⌣, – ⌣⌣, –⌣, –⌣;
–◡, – ⌣⌣, – ⌣, –
–⌣, ⁻ ⌣⌣, –⌣, –
–⌣, – ⌣⌣, – ◡.

ὦ χϑονία βροτοῖσι φάμα, κατά μοι βόασον οἰκτρὰν
ὄπα τοῖς ἔνερϑ᾽ Ἀτρείδαις, ἀχόρευτα φέρουσ᾽ ὀνείδη

–⌣⌣, –⌣, – ⌣, – | –⌣⌣, –⌣, – ⌣, — –,
⌣⌣, – ⌣, –⌣, — —|⌣⌣–⌣⌣, –◡, —, –.

Haec versuum divisio a Dindorfio proposita minime mihi
satisfacit. Possis incipere stropham a forma
⌣, –⌣, —, –⌣⌣– quater posita vel de ionica mensura cogi-
tare; sed item vetaris hoc facere saepius divulsis in finibus
versuum vocabulis. Nullo autem modo poteris efficere vere
choriambicos versus.
Trach. vv. 116. sqq. Praecedunt hi

–⌣⌣ –⌣⌣ –◡ | –⌣⌣ –⌣⌣ –◡
–⌣⌣ –⌣⌣ –◡ | –⌣⌣ –⌣⌣ –

οὕτω δὲ τὸν Καδμογενῆ στρέφει, τὸ δ᾽ αὔξει βιότου
πολύπονος, ὥςπερ πέλαγος Κρήσιον, ἀλλά τις ϑεῶν
αἰὲν ἀναμπλάκητον Ἅιδα σφε δόμων ἐρύκει.

⌣ – ⌣, — , –⌣⌣– | ⌣ –⌣ ,—; –⌣⌣–
⌣–⌣⌣, — , –⌣⌣– | –⌣⌣,–⌣, –⌣, –
–⌣⌣, –⌣, –⌣,⁻ | –⌣⌣,–⌣, —, –

Ubi tres insunt choriambi. In πολύπονος non est dactylus
prior choriambi solutus sic ≍⌣⌣–.
Tabula argumenti versuum choriambicorum qui leguntur
apud Sophoclem, haec est. Agitur
de re sublimi et augusta
 de Jove omnipotenti Ant. v. 606.
 de furia El. v. 488.
 de fato Ant. v. 944. Trach. v. 851.
 de vi Veneris Trach. v. 861.
de re atroci, ut de Martis furore, de perturbatione animi,

de metu desperatione lamentatione, de precibus flebilibus
Ai. v. 226. v. 629. vv. 1185. 1199. Ant. v. 134. O. R. v.
521. 529. El. v. 832. Phil. v. 175. (vv. 690. 701.?) (v. 706.?).
Phil. v. 1136. v. 1160. v. 1181. de laetitia exultanti
bacchantium Antig. v. 134. antistr.
amantium Ant. v. 116.
Colonus pagus laudatur O. C. v. 694.
Sine dubio sunt choriambici Phil. v. 203. 204. 1100. 1121.,
sed non quadrat cum argumento verborum numerus.

Euripidis versus qui ambiguum est sintne ionici an
choriambici, non leguntur. Logaoedici autem vide hi ne
sint falso adnumerati choriambicis:

Alc. 86.

κλύει τις ἢ στεναγμὸν ἢ   ‒ ‒ ‿, ‒ ‿, ‒ ‿, ‒

χερῶν κτύπον κατὰ στέγας   ‿ ‒ ‿, ‒ ‿, ‒ ‿, ‒

ἢ γόον ὡς πεπραγμένων;   ‒ ‿‿, ‒ ‿, ‒ ‿, ‒

Alc. vv. 213 sqq.; cum Luthmeri mensura confer hanc
logaoedicam

ἰὼ Ζεῦ, τίς ἄν πόρος κακῶν

γένοιτο καὶ λύσις τύχας ἃ πάρεστι κοιράνοις;

ἔξεισι τις; ἢ τέμω τρίχα

καὶ μέλανα στολμὸν πέπλων ἀμφιβαλώμεϑ᾽ ἤδη;

δῆλα μὲν, φίλοι, δῆλά γ᾽, ἀλλ᾽ ὅμως

ϑεοῖσιν εὐχώμεσϑα, ϑεῶν γὰρ δύναμις μεγίστα κτλ.

‒ ‿‿ ‒ ‿ ‒ ‿ ‒

‿ ‿‿ ‒ ‿ ‒ ‿ ‒ }

‿ ‿ ‒ ‿ ‒ ‿ ‒ }

‒ ‿‿‿ ‒ ‿ ‒ ‿ ⊻

‒ ‿‿ ‒ ◡ ‒ ‿ ‒ }

‒ ‿‿ ‒ ‿ ‒ ‾ ‒ }

‿ ‿ ‒ ‿ ‒ }

‿ ‿ ‒ ‿ ‒ }

‿ ‒ ‿ ‒ ‿ ‒ ‿ ‒ }

‒ ‿‿ ‒ ‿ ‒ ‾ ‒ }

Bacch. v. 72. sq.

ὢ μάκαρ ὅστις εὐδαίμων τελετὰς θεῶν εἰδὼς βιοτὰν ἁγιστεύει,
καὶ θιασεύεται ψυχὰν, ἐν ὄρεσσι βακχεύ|ων ὁσίοις καθαρμοῖσιν.

Conicias tribus logaoedicis colis coniunctis effici versum sic

-◡◡, -◡, -◡ | -◡◡, -◡, -◡ | -◡◡ -◡-◡ - |

sed verborum finibus cogimur sic dividere versus

- | ◡-◡-◡, ---   cf. enim ultimum strophae versum

◡◡-◡, ---   - | ◡--◡, ◡◡-◡, ---, ◡◡-

◡--◡, ---   Choriambi autem nequaquam hic inveniuntur.

- | ◡--◡, ---   Luthmero vero (cuius falsas mensuras ubi-

◡--◡, ---   que affere taedet) haec placet divisio

◡◡-◡, --×   -◡◡-, ◡-—, -◡◡-, ◡-—, -◡◡-, ◡---.

Hipp. v. 553.

Ἀλκμήνας τόκῳ Κύπρις ἐξέδωκεν.

-◡, -◡◡, -◡, -◡, -◡.

Hipp. fr. 452.

ἀντὶ πυρὸς γὰρ ἄλλο πῦρ
μεῖζον ἐβλάστομεν γυναῖκας πολὺ δυσμαχώτερον

-◡◡, -◡, -◡, -
-◡◡, -◡, -◡, - | -◡◡, -◡, -◡, -.

Suppl. v. 604.

φόνοι μάχαι στερνοτυπῆς τ᾿ ἀνὰ πτόλιν
πάλιν κτύπος φανήσεται

◡, -◡, -— , -◡◡, -◡, -◡, -
◡, -◡, - ◡, -◡, -

cf. Luthmer. p. 19., qui haec: „in media inquit parte strophae duobus tantum locis Euripides choriambis usus esse
videtur, Bacch. 114. Suppl. 604.". Errat; vide Bacch. v. 376.,
El. v. 460., Hel. v. 1348. v. 1455. Her. v. 356.
In I. A. extant inde a v. 171. versus choriambici nullo
modo chori animo commoto; nam se ut Graecos videret
venisse narrat, atque adeo in antistropha nomina ducum
enumerat. Quam ob rem versus non describam in tabula
infra conficienda. Accedit enim inconcinnus numerus ad ea
argumenta, quibus hanc partem tragoediae spuriam esse
demonstraverunt vv. dd.

Phoen. 1519. sq. vide ne haec placeat divisio, in quam
Wilamovitzius quoque incidit (p. 152.)

⏑–, –⏑⏑–, –⏑⏑–, –⏑⏑–, –⏑⏑–⁚

⏑–, –⏑⏑–, –⏑⏑–, –⏑⏑–, –⏑⏑⏑

1519. ⏑– αἴλινον αἱ|άγμασιν ἅ| τοῖσδε προκλαί,ω μονάδ᾽ αἰῶ
διά|ξουσα τὸν αἱ|εἰ χρόνον ἐν|λειβομένοι͵σιν δακρύοισιν.

1539. τί μ᾽ ὦ παρθένε βαχ|τρεύμασι τυ|φλοῦ ποδὸς ἐξ|άγαγες εἰς φῶς
λεχή ρῃ σκοτίων|ἐκ θαλάμων|οἰκτροτάτοι͵σιν δακρύοισιν;
Duos versus quorum uterque incipit a ⏑–, malui amplexus
Nauckii coniecturam αἰῶ pro αἰῶνα, quod novem choriambi
continui an non recitari possint dubito nisi labore immodico
vocis histrionis. Continuo autem recitarentur necesse erat,
quod imprimis in stropha fere non congruunt fines pedum
cum vocabulorum. δακρίοισιν quod est in nonnullis codd.
mss. in antistropha, melius est visum, quod non tam ab-
rupta fit clausula hac voce quam δάκρυσιν recepta.
Tabula argumenti versuum choriambicorum qui leguntur
apud Euripidem, haec est. Agitur
de re sublimi et augusta
de numine deorum bacch. v. 391./4., Bacchi ibid. vv.
377. 384. de ἄτῃ ibid. v. 400., de ἀνάγκῃ Alc. 984. —
de sepelienda Alcestide Alc. v. 995.
de re atroci
de Gorgone, de chimaera El. vv. 461., 474.; ira chori
bacch. v. 376. Her. vv. 353./6. 362./5.; lamentatio de
exilii acerbitate Med. v. 643.; lamentum Antigonae
et Oedipodis Phoen. vv. 1509. 1519.
de laetitia profusa
bacch. vv. 114. 129. Hel. v. 1364. Her. v. 636. Rhes.
vv. 363. sqq. v. 461.
De Aristophanis versibus haec habeo quae annotem:
nubb. 567.
volunt editores esse versum
τόν τε μεγασθενῆ τριαίνης ταμίαν –⏑⏑, –⏑, –⏑, – –⏑⏑, –
Nullum autem exemplum choriambi sequentis logaoedicum

versum cum invenerim, haud scio an choriambus dandus
sit versui sequenti

-νης ταμίαν γῆς τε καὶ ἁλμυρᾶς θαλάσ[σης

⏑⏑— ⏑⏑⏑—⏑—

etsi vocabulum divellatur necesse est. (In antistropha est
compositum πάγ|χρυσον). — In nubium parabasi sunt eupo-
lidei versus non sic dimetiendi choriambicotrochaice

—⏑—⏑, —⏑—⏑, —⏑—⏑, —⏑—

sed logaoedice

—⏑, —⏑, —⏑⏑, - | —⏑—⏑—⏑

Unus ergo inest choriambus, in fine prioris coli; sed bini
trochaei non locum tenent choriambi. — nubb. vv. 949 sqq.
haec est mensura

949.—50. ⸗ - ⏑ , — , -⏑⏑,—, -⏑⏑, - ⏑, - ⏑ ,

950.—52. ⸗ - ⏑ , — , -⏑⏑,—, -⏑⏑, - ⏑, - ⏑

953.—54. ⏑ ⏑⏑ ⏑ , — , - ⏑ ,—,⏑ — , - ⏑, - ⏑,-

ἀντ. [- - ⏑ , — , -⏑⏑,—, - ⸗ , ⸗⏑⏑,-⏑⏑,-]

955.—56. -⏑⏑, — , -⏑⏑,—, -⏑⏑, — , -⏑⏑,-

ἀντ. [⏑ - ⏑ , — , -⏑⏑,—, -⏑⏑, — ,]

997. - 58. -⏑⏑, - ⏑, - ⏑ , - , -⏑⏑, -⏑, - ⏑ ,

Av. 1373. vide ne alter Cinesiae versus sit dactylochoriam-
bicus πέτομαι δ᾽ ὁδὸν ἄλλοτ᾽ ἐπ᾽ ἄλλαν μέλεων

⏑⏑|-⏑⏑, -⏑⏑,—, -⏑⏑,-

Thesm. vv. 953.—958. haec est divisio

ὅρμα χώρει   — — — —

κοῦφα ποσίν, ἄγ᾽ ἐς κύκλον   - ⏑ ⏑⏑⏑ -⏑ -

χειρὶ σύναπτε χεῖρα   -⏑⏑ - ⏑ -⏑

ῥυθμὸν χορείας ὕπαγε πᾶσα· βαῖνε   - - ⏑ - ⸗ ⏑⏑⏑ -⏑-⏑

καρπαλίμοιν ποδοῖν.   -⏑⏑ - ⏑ -

ἐπισκοπεῖν δὲ πανταχῇ   ⏑ - ⏑ - ⏑ -⏑ - ⏑ -

κυκλοῦσαν ὄμμα χρὴ χοροῦ κατασκοπεῖν. - - ⏑ - ⏑ -⏑ -⏑-⏑-

Ran. v. 324. maluerim ionicum esse sequentibus ionicis.
E fragmentis sunt choriambica 117. 163. 453. Dd., quibus
adde Cratini frg. 172. K.; alia, quibus voluit Luthmer esse
choriambicum numerum, huc non cadunt.

Formae versuum quae sunt obviae apud scaenicos hae sunt:

A. monochoriambica.

a. protochoriambica.

- - ‿ ‿ -
θρώσκει πεδίον   bacch. 873ᵃ.

⨯ ⨯ - ‿ ‿ -
ἱππηδὸν πλοκάμων   spt. 328. Ai. 605. sqq. Ant. 136. Alc. 990. bacch. 865. Hec. 473. Hipp. 530. J. T. 433.

‿ ‿ ‿ — -
τέρψιν ἰαύειν   Ai. 1204.

‿ - ‿ ‿ — -
Γαλάνεια τάδ' εἴπῃ   Hel. 1457.

‿ - ‿ ‿ — ‿ ‿
ὁ Δάλιος εὔγνωστος   Ai. 704.

‿ ‿ ‿ — — -
ὦ μελέα ψυχά   Phil. 713.

‿ - ‿ ‿ ‿ — ‿ ‿ -
περιρρηγνυμένων φαρέων   spt. 329.

‿ ‿ ‿ — ‿ ‿ ‿ ‿
αὐτοδάικτοι θάνωσι   spt. 735. Phil. 1180. O.R. 1085

‿ - ‿ ‿ — ‿ ‿ ‿ ‿
τὰν πολυόρνιθον ἐπ' αἶαν   J. T. 435.

‿ ‿ - ‿ ‿ — ‿ ‿ ‿ ‿
τό τοι πολὺ καὶ μηδαμὰ λῆγον   OC. 517.

- - ‿ ‿ — ‿ ‿ ‿ ‿ ≃
Ἀίδα προΐαψει δορὸς ἄγραν   spt. 322.

‿ ‿ — ‿ ‿ ‿ ‿
γλαυκᾶς παιδοτρόφου φύλλον ἐλάας   OC. 701. (an duo choriambi
-- -‿‿ — ‿‿ ‿ — -?)

λαμπάδα κοῦραι σὺν ἐλευθέρᾳ   thesm. 102.

‗ ‗ ‿‿ ‿ ‿‿‿‿‿

σπονδὰς ἐκ Διονύσου βοτρύων   Jo 1232. sq.
    θοαῖς

‿‿‿ ‗ ‿ ‿ ‿‿‿

σίγ' ἐδυνάθησαν ἐς τοσόνδε   OR. 1212.

‗ ‗ ‿‿ ‿ ‗ ‿‿‿‿‿

δάπτω τὰν ἀπαλὰν Νειλοθερῆ   su. 70. spt. 916. Ai. 229. sq.
    παρειὰν

‿‿‿ ‗ ‿ ‿ ‿‿ ‗ ‿

τὰς δὲ κεχειρωμένας ἄγεσθαι   spt. 326.

‿‿‿ ‗ ‿ ‿‿‿‿ ‗ ‿

μῆνες, ἀγήρως δὲ χρόνῳ δυ-   Ant. 608.
    νάστας

‿‿‿ ‗ ‿ ‿‿‿‿‿ ‿

τριαί-]νης ταμίαν γᾶς τε καὶ   nubb. 567.?
    ἁλμυρᾶς θαλάσ[σης

‗ ‿‿‿ ‗ ‿ ‿‿‿‿‿ ‿

τὰν οὐθ' ὕπνος αἱρεῖ ποθ' ὁ   Ant. 606. 614.
    παντογήρως

‗ ‗ ‿‿‿ ‗ ‿ ‿‿‿‿‿ ‗ ‿

ᾔσει δύσμορος ἀλλ' ὀξυτόνους   Ai. 630. Rhes. 366.
    μὲν ᾠδάς

‿‿‿ ‗ ‿ ‿‿‿‿‿ ‿‿

πῶς μοι Ἀχιλλεὺς τὸ σὸν ἔγχος   Rhes. 461.
    ἂν δύναιτο

‿‿‿ ‗ ‿ ‿‿‿‿‿‿‿‿‿

ἀνθονομούσας προγόνου βοὸς   A. Su. 44./5.?
    ἐξ ἐπιπνοίας

‗ ‗ ‿‿‿ ‗ ‿‿ ‿‿ ‗ ‿ ‗ ‿

Δῖον πόρτιν ὑπερπόντιον τι-   A. Su. 42./3.
    μάορ', ἶνιν

‿‿‿ ‗ ‿ ‿‿‿‿‿ ‗ ‿ ‗ ‿

Γοργόνος ἴσχειν, Διὸς ἀγγέλῳ   E. El. 461.
    ξὺν Ἑρμᾷ

b. quibus est choriambus in secunda vel tertia vel quarta sede.

⏞ - ⏑ - ⏑ ⏑ -
κομπᾷ Διὸς ξενίου ⠀⠀⠀Ag. 747. Ai. 1189. sq. Ant.
⠀⠀⠀⠀⠀⠀⠀⠀⠀⠀⠀⠀⠀⠀⠀808. Trach. 638. bacch. 819.
⠀⠀⠀⠀⠀⠀⠀⠀⠀⠀⠀⠀⠀⠀⠀Hel. 1343. Hf. 646. 648. Or.
⠀⠀⠀⠀⠀⠀⠀⠀⠀⠀⠀⠀⠀⠀⠀835. I. T. 429. sq. 434. 437.
⠀⠀⠀⠀⠀⠀⠀⠀⠀⠀⠀⠀⠀⠀⠀I. A. 208.

⏞ ⏝ ⏑ - ⏑ ⏑ -
δαίμονας ἔχει σεβίσαι ⠀⠀⠀thesm. 106. 110. 113. 118. [35])

⏑ - - ⏞ - ⏑ ⏑ -
ὅπου πεντήκοντα κορᾶν ⠀⠀⠀I. T. 427. (an ⏑, - ⏞, —, - ⏑ ⏑, -?)
⠀⠀⠀⠀⠀⠀⠀⠀⠀⠀⠀⠀⠀⠀⠀Hec. 632.

- ⏞ - ⏑ ⏑ — -
χρυσέων ῥύτορα τόξων ⠀⠀⠀thesm. 108 (vel potius ionice?)

⏞ - ⏑ ⏑ ⏝ ⏑ ⏑ — - ⏑ ⏑ - ⏞
ψαλμοῖσι καὶ κυλίκων οἰνοπλα- ⠀⠀⠀Rhes. 363. (an duorum chor.
⠀⠀⠀νήτοις ⠀⠀⠀⠀⠀⠀⠀⠀⠀⠀⠀⠀⏑, - ⏑, - ⏑ ⏑, —, - ⏑ ⏑, —, -?)

- ⏞ - ⏝ - ⏑ ⏑ -
ῥιπαῖς ἐχθίστων ἀνέμων ⠀⠀⠀Ant. 137. Phil. 204. 1142. sq.
⠀⠀⠀⠀⠀⠀⠀⠀⠀⠀⠀⠀⠀⠀⠀1174. El. 121. 122.? bacch.
⠀⠀⠀⠀⠀⠀⠀⠀⠀⠀⠀⠀⠀⠀⠀866. 872. 880. Hec. 474. Or.
⠀⠀⠀⠀⠀⠀⠀⠀⠀⠀⠀⠀⠀⠀⠀834. Hel. 1460. stroph. I. T.
⠀⠀⠀⠀⠀⠀⠀⠀⠀⠀⠀⠀⠀⠀⠀432. vesp. 1472. ant. Pherecr.
⠀⠀⠀⠀⠀⠀⠀⠀⠀⠀⠀⠀⠀⠀⠀92. Mein.

⏝ ⏑ - ⏑ - ⏑ ⏑ -
πόδ' ἀναβακχεύουσα δέραν ⠀⠀⠀bacch. 864. Or. 807.-9. 812. sq.
⠀⠀⠀⠀⠀⠀⠀⠀⠀⠀⠀⠀⠀⠀⠀815. vesp. 1457. sq.

---

[35]) De cretico choriambo in fine versus posito respondente apud Euripidem et Aristophanem
- ⏑, -
- ⏑ ⏑, -
cum J. H. H. Schmidtio litigat Christ. p. 511., qui potius creticum paeoni primo respondere contendit
- ⏑, - ⠀⠀Palmam dem Christio, qui rem sic se habere demon-
- ⏑, ⏑ ⏑ ⠀⠀stravit exemplis congestis; quamquam ne Schmidtii quidem mensura abhorret ab eurhythmia.

9*

‿‿ ‿‿ ‒‿‿‒
παρακοτάμιον, ἀδομένα   bacch. 874. Hel. 1347. I. A.
                          1337. 1054.

‒‿ ‒‿‿ ‒‿‿‒
συρίγγων ϑ' ὑπὸ καλαμοεσ[σᾶν   I. A. 1038.

‒ ‿‿ ▬ ‒‿‿‒
οἰκτρότατα ϑοινάματα καὶ   Or. 814. Hf. 639. vesp. 1453.
                          1455. sq. Lys. 324. sq. Thesm.
                          103.

≏ ‒≏ ▬ ‒‿‿‒
δνόφοι καλύπτουσι δόμους   Ch. 52. A. 225. (cf. 226. 770.)
                          Ai. 375. 1199. Ant. 781. El.
                          122.? (cf. 1058.). 841. Trach.
                          116. (cf. 845.). Phil. 1136. sq.
                          Hel. 1337. sq. 1344. 1451.
                          1454. 1456. Hf. 763. 765. sq.
                          Jo. 1229. nubb. 571. sq. vesp.
                          526. 1450. 1452. 1459. sq.
                          stroph. Lys. 321. sq. 327. 330.
                          sq. thesm. 356. frg. trag.
                          adesp. 127. N., vv. 2.— 6.

‿ ‒‿ ▬ ‒‿‿‒ ‒   vel potius sine choriambo ‿,‿‿, ▬,‿‿‿,-?
ἔρως ὅς κ' ἐν τ' ἀνδράσι πίπτεις   Ant. 782. nubb. 515.

‿ ‒‿ ‒‿‿ ▬ ‒≏
τε καὶ Κρίτυλλαν περιφυσήτω   Lys. 323.

‿‿ ‒‿ ‿‿ ‒‿‿‒
ὅτ' ἀνὰ Πήλιον αἱ καλλιπλό-   I. A. 1040.
  καμοι

‒ ‿‿ ‒‿‿ ‿‿ ▬ ‒‿‿‒
ἱππόστασιν αἰθέρα τὰν Μολοσ-   Alc. 594.
  σᾶν τίϑεται

≏ ‒‿▬ ‒‿‿‒ ‒‿‿‒‿▬ ‒
οἴμοι φοβοῦμαι τὸ προσέρπον·   Ai. 227./8. nubb. 700. 949. sq.
  περίφαντος ἀνήρ

˘ ˘ ˘ — ˘ ˘ ˘ — ˘˘ ˘˘ ˘˘˘˙

εὐδαίμονες δ᾽ ἦσαν ἄρ᾽ οἱ ζῶντες   nubb. 1028/9.
  τότ᾽ ἐπὶ τῶν προτέρων

˘ ˘ ˘ — ˘ ˘ ˘ — ˘˘ ˘˘ — ˘

ὦ μέλεαι μελέων ματέρες λο-   E. Su. 598.
  χαγῶν

˘ ˘ ˘ — ˘ ˘ ˘ — ˘˘ ˘˘ — ˘

ὥς μοι ὑφ᾽ ἥπατι δεῖμα χλοερὸν   E. Su. 599.
  ταράσσει

˘ ˘ ˘ — ˘˘ ˘˘ — ˘˘ ˘˘ ˘˘ ˘˘ ˘˙

εἰρημέν᾽ ἐστίν· σὺ δέ μοι, φίλ-   Eccl. 970.
  τατον ὦ ἱκετεύω

Praeterea adeas locupletissimas Gaisfordi copias Heph. II.
p. 197. sqq.

B. Dichoriambica.

a. quibus choriambi sunt in prima secundaque sede.

— ˘ ˘ — — ˘ ˘ —

ἀνθονομούσας προγόνου   Su. 43.? Ai. 1200. 1203. nubb.
                          514. vesp. 541.632.(antistr.!)
                          Lys. 326.? 332.—4. frg. 117.
                          453. Dd.

˘ — ˘ ˘ — — ˘ ˘ —

ὑπ᾽ ἀνδρὸς Ἀχαιοῦ θεόθεν   Spt. 324.? Ai. 1202.

˘˘ — ˘ ˘ — — ˘ ˘ —

μεγαλαγορίαισιν δέ γ᾽ ἐμάς   Heracl. 356. thesm. 101.

— ˘ ˘ — — ˘ ˘ — ˘

οἰκτρὸν γὰρ πόλιν ὧδ᾽ ὠγυγίαν   spt. 321. Ant. 945. (χαλκο-
                                δέτοις) Hel. 1348.

— ˘ ˘ — — ˘ ˘ — ˘

τὰν ὁ μέγας μῦθος ἀέξει   Ai. 226. 1201. Phil. 1174.
                          thesm. 110.

— ˙ — ˘ ˘ — — ˘ ˘ — ˘

οὐδ᾽ οἰκτρᾶς γόον ὄρνιθος ἀη-   Ai. 629. Ant. 786.934. Phil.
  δοῦς   203.710. Alc. 985. ran. 326.

‒ ⌣ ‒ ⌣ ⌣ — ‒ ⌣ ⌣ — — ‒

καίτοι καὶ γενεᾷ τίμιος ᾧ καὶ   Ant. 949. 951. Phil. 706. 709.
καὶ   equ. 559. sq.

‒ ⌣ ‒ ⌣ ⌣ — ‒ ⌣ ⌣ — ‒ ⌣ ⌣ ‒ ⌣

ἔστιν δ᾽ οἷον ἐγὼ γᾶς Ἀσίας   OC. 694.
οὐκ ἐπακούω

⌣ ‒ ‒ ⌣ ⌣ — ‒ ⌣ ⌣ — — — ‒

εἰ μὴ ᾽γὼ παράφρων μάντις   S. El. 472. (an clausula - ‒ ⌣ -?)
ἔφυν καὶ γνώμας

‒ ⌣ ⌣ — ‒ ⌣ ⌣ — ‒ ⌣ ⌣ ‒ ⌣ ⌣
              ‒ ⌣ ⌣ ⌣

τοῦ πλέονος δαίμονος εἷλου τὸ   Phil. 1100. Her. 354/5. Hf.
κάκιον ἀντί   ΄   637. Med. 643. Rhes. 369.
                                 Lys. 326.? frg. 163. Dd.

⌣ ‒ ⌣ ⌣ — ‒ ⌣ ⌣ — ‒ ⌣ ⌣ ‒ — ‒

ὑπ᾽ ἀνδρὸς Ἀχαιοῦ θεόθεν περ-   spt. 324/5.
θομέναν ἀτίμως

‒ ‒ ⌣ ⌣ — ‒ ⌣ ⌣ — ‒ ⌣ ⌣ ‒ ⌣ ✗

ἤλυξεν μόρον, ὠκεῖα δέ νιν   Phrynichos 6. N. Phil. 175.
φλὸξ κατεδαίσατο   715.

‒ ⌣ ⌣ — ‒ ⌣ ⌣ — ‒ ⌣ ⌣ ‒ ⌣ ⌣

τὰν ἄκονον δαιμονίων· μνῆμον   su. 100. Ch. 416./7.?
ἄνω φρόνημά πως

b. quibus sunt choriambi in aliis sedibus.

⌣ ‒ ⌣ ⌣ — ‒ ⌣ ⌣ — ‒ ⌣ ⌣ ‒

ἁλὸς ποτανοῖσι πεδίλοισιν φυάν   E. El. 460. frg. trag. ad. 127.
                                  N. v. 1.

⌣ ⌣ ⌣ — ‒ ⌣ ⌣ — ‒ ⌣ ⌣ ‒

τίς ἄρ᾽ ὑμέναιος διὰ λωτοῦ   I. A. 1036.
Λίβυος

⌣ ‒ ⌣ ⌣ — ‒ ⌣ ⌣ — ‒ ⌣ — ‒ ‒

φοιτᾷς δ᾽ ὑπερπόντιος ἔν τ᾽   Ant. 785.
ἀγρονόμοις αὐλαῖς

‒∪∪‒∪‒ ‒∪∪‒

λαΐδος ὀλλυμένας μιξοθρόου   spt. 331.

∪∪ ‒∪∪‒∪‒ ‒∪∪‒

πέτομαι δ' ὁδὸν ἄλλοτ' ἐπ' ἀλλὰν   av. 1373.
'μελέων

‒∪∪‒∪‒ ‒∪∪‒ ‒∪∪‒

ὠλέκεθ' ὧδ' ἀτίμως· τόδε τοι   Phil. 686.
θαῦμά μ' ἔχει

‒ ‿̈ ‒∪∪‒ ‒∪∪‒ ‒∪∪‒∪∪

δειμαίνουσα φίλους, τᾷδε φυγᾶς   A. su. 74./5. 82./3.
'Αερίας ἀπὸ γᾶς

∪∪ ∪∪ ∪∪ ‒∪∪‒ ‒∪∪‒∪∪

τίς ἄρα νέατος ἐς πότε λήξει πολυπλάγκτων ἐτέων ἀριθμός
Ai. 1185.

∪ ‒∪ ‒ ‒∪∪‒ ‒∪∪‒ ‒∪∪‒∪∪

ἄνδρας σοφοὺς χρὴ τὸ παρὸν πρᾶγμα καλῶς εἰς δύναμιν τίθεσθαι
Cratin. 172. K.

∪ ‒∪∪ ‒ ‒∪∪‒ ‒∪∪‒ ‒∪∪‒∪ ‒ ‒   [Lys. 328.

μόλις ἀπὸ κρήνης ὑπ' ὄχλου καὶ θορύβου καὶ πατάγου χυτρείου

C. versus trium choriamborum.

‒∪∪‒ ‒∪∪‒ ‒∪∪‒

εἴ τε κυρεῖ τις πέλας οἰωνοπόλων   A. su. 57. bacch. 876.
nubb. 811. thesm. 357.

∪ ‒ ‒∪∪‒ ‒∪∪‒ ‒∪∪‒

καὶ Ζηνὸς ταμιεύεσκε γονὰς χρυσορύτους   Ant. 950. Hel. 1454.
I. A. 1045.

‒∪∪‒ ‒∪∪‒ ‒∪∪‒ ‒∪∪‒

μὴ πρὸς ἀραίου Διὸς ἔλθῃς· ἱκετεύω· μετρίαζε   Phil. 1181.

‒ ‒∪∪‒ ‒∪∪‒ ‒∪∪‒ ‒∪∪‒

δεινὸν μὲν τὸ πάλαι κείμενον ἤδη κακὸν ὦ ξεῖν' ἐπεγείρειν
OC. 510. 695.

‒∪∪‒ ‒∪∪‒ ‒∪∪‒ ‒ ‒

καὶ σ' ἐν ἀφύκτοισι χερῶν εἷλε θεὰ δεσμοῖς   Alc. 984.

```
_ ᴗ _ _ _ _ _ | _ _ _ _ | _ _ _ _ | _ _ _
```

ἄλλον δ' οὔτιν' ἔγωγ' οἶδα κλύων οὐδ' ἐσιδὼν μοίρᾳ   Phil. 682.

```
_ _ ᴗ _ | _ _ ᴗ _ | _ _ ᴗ | _ _ _ _ _ _ | _ _
```

```
_ _ _ ᴗ | _ ᴗ _ ᴗ
```

μυρί' ἀπ' αἰσχρῶν ἀνατέλλονθ'· ὃς ἐφ' ἡμῖν κακ' ἐμήσατ' ὦ Ζεῦ
Phil. 1138. bacch. 384.
Ach. 1150./9. 1154./5.

```
ᴗ _ ᴗ _ | _ _ ᴗ _ | _ ᴗ ᴗ _ _ | _ ᴗ ᴗ _
```

τίς Ἑλλὰς ἢ βάρβαρος ἢ τῶν προπάροιθ' εὐγενετᾶν Phoen. 1509.

```
_ _ _ ᴗ _ _ | _ _ ᴗ _ | _ _ _ ᴗ _ | _ ᴗ
```

σημαίνων ἁλιώσει χερὶ πέρσας· ὁ γὰρ αἰὲν ὁρῶν κύκλος ΟC. 704.

```
_ ᴗ ᴗ _ | _ _ _ ᴗ _ | _ _ _ ᴗ | _ _ _ ᴗ | _ _ ᴗ _
```

ποῦ ποτε κεραυνοὶ Διός, ἢ ποῦ φαέθων Ἅλιος, εἰ ταῦτ' ἐφορῶντες
S. El. 825.

D. Versus plurium choriamborum.

4.
```
_ ᴗ ᴗ _ | _ ᴗ ᴗ _ | _ ᴗ ᴗ _ | _ _ _ _
```
' ὃ' ἀίει μου μάκαρίτας ἰσοδαίμων βασιλεύς   Pers. 633. OR.
483. sq. Bacch. 377./8. sequuntur
ionici. nubb. 956./7.

```
_ _ ᴗ _ | _ _ ᴗ _ | _ _ ᴗ _ | _ _ ᴗ _ | _
```

ἄλλα δ' ἐπ' ἄλλοις ἐπενώμα στυφελίζων μέγας Ἄρης Ant. 139.

```
ᴗ _ ᴗ _ | _ ᴗ ᴗ _ | _ ᴗ ᴗ _ | _ _ ᴗ _ | ᴗ ᴗ
```

τί μ' ὦ παρθένε βακτρεύμασι τυφλοῦ ποδὸς ἐξάγαγες εἰς φῶς
Phoen. 1519./20. 1538./39.

```
_ _ ᴗ ᴗ _ | _ _ ᴗ _ | _ _ ᴗ _ | _ _ ᴗ _ | _ _ _
```

ἁ δ' ἐρχομένα μοῖρα προφαίνει δολίαν καὶ μεγάλαν ἄταν.
Trach. 849.

5.
```
_ _ _ ᴗ ᴗ _ | _ _ ᴗ _ | _ _ ᴗ _ | _ _ ᴗ _ | _ _ _
```

δοξάσει τις ἀκούειν ὄπα τῆς Τηρείας μητίδος οἰκτρᾶς ἀλόχου
A. Su. 60./1.

```
_ _ _ ᴗ _ | _ _ ᴗ _ | _ ᴗ ᴗ _ | _ _ ᴗ _
```

ἀμφὶ δὲ νάρθηκας ὑβριστὰς ὁσιοῦσθ'· αὐτίκα γᾶ πᾶσα χορεῦσαι.
bacch. 114.

ἢ τῷ Πολίβου νεῖκος ἵκειτ᾽ οὔτε πάροιθέν ποτ᾽ ἐγωγ᾽ οὔτε τὰ νῦν πω
OR. 490.

γᾶς ποταμοὺς ἀενάους καὶ βαθύπλουτον χθόνα καὶ τὰν Ἀφρο-
δίτας πολύπυρον αἶαν. A. su. 554./5.

6.

εἰ τῶν φανερῶς οἰχομένων εἰς Ἀΐδαν ἐλπίδ᾽ ὑποίσεις, κατ᾽ ἐμοῦ
τακομένας μᾶλλον ἐπεμβάσει.

μάντις ἔκλαγξεν προφέρων Ἄρτεμιν ὥςτε χθόνα βάκτροις ἐπικρούσαντας Ἀτρείδας δάκρυ μὴ κατασχεῖν. Ag. 202.

7.

δαΐόφρων, οὐ φιλογαθής, ἐτύμως δακρυχέων ἐκ φρενὸς ἃ κλαο-
μένας μου μινίθει τοῖνδε δυοῖν ἀνάκτοιν. Spt. 921.

Tabula argumenti versuum Aristophaneorum, quae supra
errore meo excidit, hic sequatur. Utitur Aristophanes choriambis ad implorandos deos: Neptunum equ. 559., Minervam
equ. 589., Neptunum et Dianam nubb. 557., Apollinem et Dianam thesm. 109., ad acriter monendum nubb. 700. 949., vesp.
526., Lys. 321. (ubi timore periculi perterritus est chorus),
thesm. 101. Alius generis sunt Ar. Ach. 1150, ubi κωμικῶς
atrox et foedum malum Antimacho optatur, et nubb. 800.,
eccl. 969., ubi quae summi momenti sunt ex eis quae dicuntur, choriambis pronuntiantur.

Alexandrinorum poetarum excepto Theocrito, de quo
infra dicetur, hi extant versus choriambici: Simmiae alae
Amoris et securis (in A. P. II., p. 507. sq. D. et apud
Haeberlin, carm. figur.), Simmiae frgt. apud. Heph. p. 35.[10],
duo frgta Philici ib. p. 31.[22], p. 32.[2], duo Callimachi (ibid.
p. 31.[19] et in A. P. c. XIII., 10. Dd.) — Alexandrini quam
in versibus pangendis choriambicis secuti sint doctrinam,
non est dubium. Id enim student, ut pedis choriambici
initium finisque prout fieri possit, congruant cum initio et
fine vocabuli; id quod fragmentis supra laudatis 36[ies] inveni

46 excussis choriambis qui ante clausulam erant. Quam
ob rem utrum hanc clausulam

. . . . . ., ‒ ᴗ ᴗ ‒, ᴗ ‒ an hanc

. . . . . . ‒ ᴗ ᴗ,‒ ᴗ, ‒

esse voluerint cum quaeratur, spectandum erit sitne in clausula choriambicum vocabulum. Quod fit in 23 clausulis
quinquies decies, ita ut quin ‒ ᴗ ᴗ ‒, ᴗ ‒ ᴗ metiendum sit vix
sit dubium. Sed alio quoque atque eo certiore argumento
demonstratur hanc fuisse clausulam Alexandrinorum versuum. Nemo enim nescit in carminibus duobus illis figu-
ratis subiungi vel praecedere longiori cuique versui breviorem sic

‒ ᴗ ᴗ ‒, ‒ ᴗ ᴗ ‒, ‒ ᴗ ᴗ ‒, ‒ ᴗ ᴗ ‒, ‒ ᴗ ᴗ ‒, ᴗ ‒ ᴗ

‒ ᴗ ᴗ ‒, ‒ ᴗ ᴗ ‒, ‒ ᴗ ᴗ ‒, ‒ ᴗ ᴗ ‒, ᴗ ‒ ᴗ

‒ ᴗ ᴗ ‒, ‒ ᴗ ᴗ ‒, ‒ ᴗ ᴗ ‒, ᴗ ‒ ᴗ

‒ ᴗ ᴗ ‒, ‒ ᴗ ᴗ ‒, ᴗ ‒ ᴗ

5. ‒ ᴗ ᴗ ‒, ᴗ ‒ ᴗ

ᴗ ‒ ᴗ

Apparet autem, versus quartus si fuisset

‒ ᴗ ᴗ ‒, ‒ ᴗ ᴗ, ‒ ᴗ, ‒ ᴗ,

hunc eum subsecuturum fuisse

‒ ᴗ ᴗ, ‒ ᴗ, ‒ ᴗ,

deinde hunc

‒ ᴗ, ‒ ᴗ.

Sed re vera semper omisso uno choriambo sequuntur

‒ ᴗ ᴗ ‒, ‒ ᴗ ᴗ ‒, ᴗ ‒ ᴗ πάντα δὲ Γᾶς εἶχε φραδαῖσιν λυγραῖς

‒ ᴗ ᴗ ‒, ᴗ ‒ ᴗ ἑρπετά, πανϑ᾽ ὅσ᾽ ἕρπει

ᴗ ‒ ᴗ̄ δι᾽ αἴϑρας.

Sequitur ut primum Hephaestio, simodo Alexandrinorum
versus spectat, suo iure docuerit quae extant in enchiridio
de clausula choriambicorum versuum ὁμοιοειδῶν, atque sit
non solum haec forma · interdum dimeter choriambicus
‒ ᴗ ᴗ ‒, ᴗ ‒ ᴗ, sed etiam haec monometer catalecticus ᴗ ‒ ᴗ̄;
deinde, siquidem Alexandrinorum versus tales sunt, quales
postulantur a grammaticis, ut versus choriambici cum basi
quos scripsere, sint vere choriambici inde ab initio

.., ‒◡◡‒ | ‒◡◡‒ | ‒◡◡‒ | ‒‒, *non logaoedici*
.., ‒◡◡,‒ | ‒◡◡,—| ‒◡◡, ‒◡, ‒;

(nam antispasticam horum versuum mensuram inde ab Heliodori aetate statutam esse comprobavit Westphal.) Quam
ob rem dividendum

τὸν στυγ|νὸν Μελανίκ | πον φόνον αἱ | πατροφόνων | ἔριθοι
ἁ ναῦς | ἁ τὸ μόνον | φέγγος ἐμὶν | τὸ γλυκὺ τᾶς | ζοᾶς
ἄρκα|ξας κτλ.

Rectissime igitur Rossbach et Westphal iudicaverunt ortum
esse Hephaestionis doctrinam Alexandrinorum temporibus;
contra falso Rossbachius ipse ⁸III. 2. p. contendit clausulae
pherecrateae ‒◡◡, ‒◡, ‒ ab Alexandrinis plus duos choriambos praemissos esse; nam non iam est clausula phere-
cratea quam nos dicimus, logaoedica scilicet. — De vi
choriamborum quae visa sit Alexandrinis, conferendus est
locus Hephaestioneus p. 31. καὶ τῷ πενταμένρῳ δὲ Καλλί-
μαχος ὅλον ποίημα συνέθηκε . . . . Φίλικος δὲ ὁ Κερκυραῖος . . . .
ἑξαμέτρῳ συνέθηκε ὅλον ποίημα. His ὅλοις ποιήμασιν adde
Alas et Securim. Qua re apparet vim choriambi propriam
Alexandrinis si non ignotam at certe neglectam fuisse.
Usurpant numerum, quo tota carmina non bene fiunt, ad
hymnos vel προπεμπτικά fingenda, ut omittam illos ludos
carminum figuratorum, ubi plane destitutus est numerus
omni proprietate. Neque aliam ob causam Philicus choriambicos hexametros videtur scripsisse nisi ut aliquid novi
lectoribus praeberet: καινογράφον σύνθεσιν.

Theocritus vero c. XXVIII. ab eorum de quibus adhuc egi poetarum more recedit, cum eius choriambi non
semper sint utrimque clausi, sed in 25 versibus

     ‒‒, ‒◡◡‒, ‒◡◡‒, ‒◡◡‒ | ◡‒
       14   10   12*)

*) vel potius 9 cum ter hoc loco sit nomen proprium. — Basis
quin primae duae ei visae sint non est dubium, cum in
24 versibus vicies in illa sede collocaverit disyllabum. De
clausula utrum maluerit ‒◡◡‒ | ◡‒ vel ‒◡◡, ‒◡, ‒ res am-

bigua; nam ut dixi, novem sunt choriambi utrimque clausi, id quod favet mensurae logaoedicae; neque ita repugnat quod in 21 versibus ter decies legitur in fine dissyllabum. Sed eam ipsam ob rem dubia est res, quod non semper ut compleat pedem choriambicum, studet Theocritus.

Fortasse autem aliquid auxilii arcessere licet a carm. XXX, quod a Theocrito conscriptum traditum non est, sed verisimile. Ubi habes

$$- - \mid - \cup \cup - \mid - \cup \cup - \mid - \cup \cup - \mid \cup -$$

15 e 32   17 e 31   4 e 29

choriambos utrimque clausos; qua re apparet poetam sprevisse Alexandrinorum vv. dd. sententiam quae erat de clausula, maluisseque logaoedicam. Iam quae hic certa sunt, haud scio an de carm. XXVIII. quoque sint statuenda, praesertim cum idem in utroque carmine baseos usus inveniatur; nam in 32 versibus 22^{ies} legitur disyllabum. *Figura igitur Theocriteorum versuum est*

$$\cup \cup, - \cup \cup -, - \cup \cup -, - \cup \cup, - \cup, -.$$

Contra Alexandrinorum morem produnt *scolia* pauca, quorum asclepiadeum metrum est (16.—20. Hill.) Ubi tam anxie caesurae

$$- - \mid - \cup \cup - \mid - \cup \cup - \mid - \cup \cup - \mid \cup -$$

ponuntur, ut ne in Alexandrinorum quidem carminibus invenimus; nam in 10 versibus

$$- - \mid - \cup \cup - \mid - \cup \cup - \mid - \cup \cup - \mid \cup -$$

9   9   8   9^{ies} est caesura

Quam ob rem equidem cum de vera aetate horum scoliorum (cf. Reitzenstein Ep. u. Sk. p. 15.) non litigem, tamen contendam qui hanc quae iam extat formam versuum descripsit vel potius hunc textum, secutum esse eam doctrinam quae legitur apud Hephaestionem. Reliqua scolia, quae extant apud Athenaeum ex eodem libro descripta, miror quod non eundem in modum recocti videntur esse.

※

Index.

Corrigenda.

1) in p. 67. pone in l. 22. et l. 25. loco tertiae notae musicae
   cuiusque notam quae valet octavam partem plenae.
2) nubb. 1028./9. (p. 133.) numera in dichoriambicis

$$\cup\,|-\cup, \quad -, \quad -\cup\cup-, \quad -\cup, \quad \underline{\cup}\cup, \quad -\cup\cup-$$

3) Tabulam argumenti versuum Aristophan. v. p. 137.

Vita.

Natus sum Max. Fridericus Joannes Lamer Lipsiae a. 1873. die 27. m. April. patre Carolo Friderico mercatore, quem a. 1876. praematura morte mihi abreptum esse valde doleo, matre Joanna Christiana e gente Dietze adhuc superstite. Fidei addictus sum evangelicae. Litterarum elementis imbutus a. 1883. adii gymnasium huius urbis Nicolaitanum, cui tum primum Vogel deinde Mayhoff postremo Kaemmel praeerant, ubi optime de me meruit studiumque antiquitatis excitavit R. Meister. Maturitatis vero testimonium me adeptum referendum curavi in numerum civium academiae Lipsiensis. Docuere me viri clarissimi Brugmann, Immisch, Lipsius, Ribbeck, Wachsmuth; Overbeck, Schneider, Schreiber; Richter; Barth, Heinze, Seydel, Wundt; Biedermann, Lamprecht, Marcks, Pückert; Birch-Hirschfeld, Weigand; Sievers; Fricke, Hofmann. Fui sodalis ordinarius

proseminarii philologi moderante Immisch per bis sex menses;

seminarii philologi modd. Lipsius Ribbeck Wachsmuth per ter sex menses;

seminarii archaeologici moderante Overbeck per semestre spatium; per annum senior;

seminarii historici moderante Gardthausen per semestre spatium;

seminarii paedagogici moderante Richter per ter sex menses;

seminarii philosophici moderante Barth per annum;
seminarii francogallici moderante Weigand per annum;
et benignissime admiserunt me ad
societatem philologicam Ribbeck per semestria quinque,
societatem archaeologicam Schneider per idem tempus.

Omnibus vero qui me docuerunt et gymnasii et universitatis litterarum praeceptoribus gratiam habeo maximam semperque habeo. Imprimis *Ribbeckium* et *Schneiderum* studiorum fautores semper pie colam.